【新版】

氣龍神

導きのメッセージ

スピリチュアルメッセンジャー rumi [著]

氣龍画師 日幸 知 [画]

JN062551

Clover
クローバー出版

パッと開けば
龍からのメッセージ

ひらめいた
ページを
開くだけ!!

【STEP ①】
ゆっくり呼吸をして心を静かにし、あなたが知りたいこと、
質問したいことを思い浮かべてください。

それはイエス、ノーで答える質問ではなく、
「恋人を作るためにはどうしたらよいでしょう?」
「仕事を成功させるためには何が必要ですか?」
「私と相手の関係性へのアドバイスが知りたい」など、具体
的であればあるほど答えがクリアに見えてきます。

具体的な質問が思い浮かばない時は、
「今、私が気がつく必要があることは何でしょう?」
「今日1日の私へのアドバイスは?」
というように、尋ねてみるのもよいでしょう。

【STEP ②】
質問をしたら、1〜80までの数字で、ひとつの数字を思
い浮かべてください。もしくは、質問をしてパッと開いた
ページを見てみてください。

思い通りのメッセージではなかったとしても、落ち込む必
要はありません。どんなメッセージも今のあなたにとって、
より良い未来を切り開く必要なメッセージだと信頼して受
け取りましょう。

新版によせて

『氣龍神 導きのメッセージ』を購入してくださったみなさん。はじめまして。龍に導かれて、あなたと出会えましたことに感謝します。

『氣龍神 導きのメッセージ』を出版させていただき、自分でもびっくりするほどの反響を全国のみなさんからいただきました。

「人生に悩んでいたことに、ドンピシャでメッセージがきた」
「初めて本を開いたら、涙が流れて仕方がなかった」

など、数々のエピソードや多くの方からの反響をいただくたびに、龍からのメッセージは人々の心を深く癒すものであり、龍はいつも私たちを導いてくれる存在なのだと、さらに感じるようになりました。

私自身にメッセージがおりてくるときも、とても軽いフィーリングで、喜びや感謝が湧き上がってきたり、急に笑いが込み上げてきたり、龍は遊び心に満ち溢れていて、とてもポジティブなエネルギーを与えてくれます。

人生に迷ったときや、新しい道に進むときなど大きな転機のときはもちろん、なにげない日常へのアドバイスなど、どんなときも、あなたに必要なメッセージを、龍が

伝えてくれます。

この本に出会ったあなたは、きっと日常の中でも、龍が
あなたにインスピレーションを送ってくれているのでは
ないでしょうか。

本書を通じて、みなさんが龍のメッセージで癒されたり、
たくさんの気づきがあることを願っています。

龍や高次元の存在からのインスピレーションや直観とよりつながるために

『氣龍神 導きのメッセージ』を出版してから、「直観がどんなものかわからない」「高次元とつながりインスピレーションを受け取りたいけれど、なかなかできない」というご質問を、よくいただきます。

どうしたら直観を受け取ったり、高次元の存在とつながりやすくなるか、アドバイスを書かせていただきたいと思います。

今、私たちが生きる時代は、テクノロジーが進み、デジタル化が進むにつれて、毎日沢山の情報が流れてきます。

テレビやSNSの世界は、とても刺激的で楽しみも沢山ありますが、時として、周りの人達がとてもキラキラしているように見えて、比較してしまったり、自分自身を感じることよりも、外側の世界に安心感を求めて、焦ってしまいやすい時代なのかもしれません。

高次元とつながったり、直観とつながったりするには、マインドを使って考えたり、外側ばかり見て心配したり、比較したりする世界から、自分自身は何を感じているのか、どうしたいのかを感じる世界に移行していかなければなりません。

そのためには、まずマインドを休息させて、リラックスする時間をとるようにすることがとても大切になってきます。

人と比べて焦る気持ちが出てきていたり、忙しすぎてしまうときは、マインドが働きすぎていて、感じるより、考える時間が多くなってしまっているサインです。

そんなときは、少しゆっくりした時間をとって、自然の中を散歩したり、温泉にゆっくり浸かって、リラックスする時間をとるように心がけてみてください。

龍や高次元の存在は自然エネルギーなので、自然の中でリラックスしているときに、とてもつながりやすくなります。

そんなときに、あなたがさらに喜びを感じたり、幸せになるためのメッセージや直観を龍が教えてくれるのです。

そして、高次元の存在からくる直観とは、ワクワクするものだけではなく、今の自分からしたら、少し無理ではないかと思うようなこと、怖いと感じるチャレンジがくることが多く、その直観に勇気を持ってしたがってみると、あなたの人生が拡大していくことが起きるのです。

なので、自分にとってチャレンジだと思うことが直観としておりてきたときには、高次元からのメッセージなの

で、勇気を持って一歩踏み出すと、必ずあなたが、まだ
見たこともないような景色の場所に導かれます。

そこには、あなたが想像していた未来以上のことが、待
っています。

それを信頼して直観にしたがい、一歩ふみだしてみまし
ょう。

そしてもうひとつのポイントは、龍は第7次元にいる存
在なので、とても波動が高く、地球にいながら龍につな
がるには、あなたの波動を高くしておくことが秘訣にな
ります。

波動を軽やかに高い状態にしておくために、大人であっ
ても遊び心を忘れずに、自分にとって楽しいと感じられ
る時間を沢山とってみてください。

あなたが、子供のように無邪気に笑ったり、ハートを開
いて楽しんでいるとき、龍からのメッセージを受け取り
やすくなります。

龍や高次元の存在からインスピレーションをもらいなが
ら人生を進ませていくと、自分でも驚くほどにスピーデ
ィーに物事が展開して、夢がどんどん叶っていきます。
なによりも龍は愛の存在なので、自分を愛する自己受容
のエネルギーがどんどん深まっていき、人生がより面白
く、喜びにつながれるようになっていきます。

そんな龍や高次元の存在に、あなたがつながりやすくなるために、この本を使ってください。

本からメッセージを受け取る前に、リラックスして、目を閉じて、静かに心を落ち着けてみてください。日常に、そんな時間をとることからはじめてみてください。

この本に導かれたあなたは、龍がコンタクトを取ろうとしてきているサインです。

きっとあなたの人生に沢山の変化が訪れるはずです。

氣龍神　導きのメッセージ

プロローグ

私がセラピストになったのは、今から 20 年前、1999 年のことでした。

その当時、まだスピリチュアルの世界は一般的ではなく、ごく一部の変わった人々の閉ざされた世界として認識されていました。

幼少期からとても敏感で、他の人には見えないものが見えたり、聞こえたりといった経験をしてきました。それは私にとって、恐怖を感じる出来事でもあり、その能力をとても疎ましく感じる毎日でした。そして、自分の家庭環境についても悩みを抱えていました。

それが故に「人間の意識」や「なぜ自分はこの環境に生まれたのか、私が生まれてきた意味は何なのか」を幼い頃から考え続けていたように感じます。

大人になり大手一般企業に就職した私は、時に不思議な経験をしながらも普通の人と変わらない生活を送っていました。

なぜ、私は生かされたのか
～面会謝絶の大事故からの生還～

22 歳の時、私は面会謝絶になるほどの大きな事故に遭いました。
事故の後、病院のベッドで目覚めた時、自分が生きていることを実感すると共に、「なぜ私は生かされたのか。この生かされた命をこれからどう使っていくべきなのか」を考えるようになったのです。

私は、その答えを求めるために、当時、有名だった霊能者の元を訪ね、こんな言葉を告げられました。

「あなたは霊的な指導者としてセラピストの道を生きるために生まれてきた魂だ。

これからセラピストとして生きる道が始まる。そして、将来アメリカで仕事をするだろう。

前世ネイティブインディアンでシャーマンだった時に、あなたがいた場所、アメリカの聖地であるグランドキャニオンに行くことで、あなたはその叡智を思い出すだろう。その魂の記憶を呼び覚ますためにアメリカに行きなさい。あなたは龍神に導かれている」

英語が出来ない私が、どうやって将来アメリカで仕事をするの？
ネイティブインディアンってなに？
龍神ってどこにいるの？

様々な疑問が浮かびましたが、人生の大きな転機を感じていた私は、勤めていた会社を辞め、2週間アメリカを周遊する旅に出たのです（後日談としてセラピストになってから20年たった今、アメリカでも時々仕事をしています）。

聖地での目覚め

なぜ生かされたのか、自分はこの命をこれからどう使うのか。

事故に遭ってから考え続けていた私は、アメリカに向かう飛行機の中で思いを巡らせ「自分のように家庭環境や、様々な悩みを抱えている人を癒せるような仕事をしてみたい」と感じ始めていました。

まだ、セラピストという職業があまり馴染みのない時代。どんな人がセラピストなのか、また、どうすればセラピストになれるのかも知らなかったように思います。

アメリカに着いていろいろ巡っているうちに、とても不思議な体験をしました。
グランドキャニオンのすぐ隣りのラスベガスでは、軽い気持ちで遊んだカジノで信じられないような額が大当たり。メキシコでは、見たこともないような数々のクリスタルにも出会いました。まるで、この場所に来たことを見えない誰かに歓迎されているような、不思議な出来事がたくさん起きたのです！

そして、グランドキャニオンの聖地を踏みしめた時に、自分が今まで感じたことがないような不思議なエネルギーと深い懐かしさ、そしてメッセージを受け取りました。
それは、「魂の道を生きる」という言葉でした。

ここから自分が何をするかはわからないけれど、自分の魂の道が始まる。そして、その道は、自分も人も癒していく道なのだと、意識の中で腑に落ちた瞬間でした。

龍との出会い

アメリカから帰国後、さらに不思議な出来事が起き始めました。

何もわからなかった私は、「癒し」をキーワードに、アロマテラピーやカラーセラピー、心理カウンセラーなどの資格を取るために、片っ端から勉強し始めました。そして、ある美容室経営者との運命的な出会いで、癒しのサロンをやらせていただくことになったのです。

セラピストを始めると、いろいろな現象を体験し始めました。
クライアントのアロママッサージをしていると、背中に古代エジプトの紋章が浮かび上がったり、母親を亡くし寂しい思いをしているクライアントの幼少時代が見えたりしました。

そして、クライアントの亡くなった母親からのメッセージを伝えると、クライアントは号泣。
その方に癒しが起きるなどの現象が続きました。

そのように様々な形で、その方に必要なメッセージをお伝えするガイドの仕事が自然と始まり、魂のサイキックリーディングが始まったのです。

そして、世界的に有名なセラピストのヒーリングや、様々なワークショップ、セミナーに参加する素晴らしい体験や神秘的な経験をする機会に恵まれました。

その中で一番印象に残っているのは、スペインでの経験です。電話も通じない僻地でリトリートをしながら、１か月間タッチと瞑想を学ぶというコースがありました。しかし、まだ若かった私は、知らない場所での生活に不安を感じ、チャレンジを迷っていました。

その時、３日間ずっと同じ夢を見るという不思議な体験をしたのです。

まるで日本昔話に出てくるような大きな龍が夢に現れ、空高く昇っていくのです。そして、私を見て「ついておいで」というように言葉にならないメッセージを送ってきました。
その感覚は安心感に満ちていて、ずっと一緒にいたくなるようなあたたかさでした。

今でもその夢を鮮明に思い出せるほど幸せな体験です。スペインに行くチャレンジを決めたものの、その夢が何を意味するかわからないままでした。
でも、不思議とスペインに行く決断をし、飛行機のチケットを取ると、その夢は見なくなりました。

リトリート(スペイン)で運命の龍と出会う

スペインのリトリートは、見たこともないような大自然の中にあり、素敵なスピリチュアルの建物が建っていました。

そして、案内されるまま八角形のトレーニングルームに入ると、目の前に、あの不思議な夢で見た龍そっくりの掛け軸が、大きく飾ってあったのです。

龍が私を導いてくれていた……。

そう直感したのが、龍との出会いの始まりでした。

愛に包まれるような不思議なエネルギー

セラピストとして、魂のリーディングを始めた私は、何も宣伝しなくても予約が次々と入るようになり、数か月先まで予約がいっぱいという状態が続きました。目の前のクライアントと懸命に向き合い、この20年で延べ15,000人のクライアントのセッションやヒーリングをする機会に恵まれました。

そして、より多く人に魂のメッセージを伝えていきたくて、イベントを企画するようにもなりました。

最初は、平和の祭典「peace fes」400人、日本蘇生プロジェクト「和魂」1,000人のイベントにも挑戦しました。主催として、いつもイベント前の夜は、成功させられるのか、本当にそれだけの人が集まってくれるのかと、毎回不安な夜を過ごしていました。

そんな時に必ず、普段感じたことのない、なんとも言えない愛に包まれるような不思議なエネルギーが降りてくるのです。そうすると、突然に不安は消え、すべては大丈夫だという安心感に包まれ、心配がすべて消えてしまうのです。

そのエネルギーには、覚えがありました。

それは私の幼少時代のことです。
私は、いつも眠れないほど家庭環境に苦しんでいました。
この先、自分が幸せになれるのか、幼いながらに不安で眠れなかったのです。ある時、布団の中にいた私は、突然足から身体中が熱くなるような別のエネルギーが入ってきたのをハッキリと感じたのです。さっきまで不安で泣いていた自分が、嘘のように愛で満たされ、なぜかわかりませんが、"自分は大丈夫なんだ"という安心感に包まれたのです。

そのエネルギーの正体がわからないまま、何度もそのエネルギーを体感しました。
私が究極的な不安に襲われると、そのエネルギーは降りてきて、いつも私を癒し助けてくれるのです。

龍神からのメッセージの始まり

セラピストになり20年。時代は変わり、私がセラピストになった当時には考えられないほど、素敵なメッセンジャーの方々が世の中に登場し、意識のことや宇宙のこと、引き寄せのことなど当たり前のように語られる時代がやってきました。

ある時、富士山で瞑想していると不思議な感覚が降りてきました。
それは、今まで世界的に有名なセラピストから学んだ本物の体験や叡智を、その方たちと同じように、もっと多くの人にシェアしていかなければならないという啓示にも似たメッセージだったのです。

そのメッセージを受け、20周年を機に、今までのスタイルを変えてSNSを初めて使い、より多くの方々に魂のメッセージを伝えていこうと決意したのです。

それから数日が経ち、瞑想をしていると、見たことがないほど大きな黄金の龍がイメージの中に現れました。

龍はハッキリとした声で、「龍神タロットを作りなさい」と告げました。

そして、そのタロットカードのイメージが、次々と降りてきました。

瞑想から目覚めた私に、数日後、奇跡の出会いが訪れたのです。

訪れた運命の出会い

それから1週間もしないうちに、あるイベントで、龍に遭遇し龍と繋がり素晴らしい絵を描き始めた、日幸知さんと出会い、その龍の絵を見た私は、初めての出会いにもかかわらず、直感的に龍神タロットの絵を描いてもらうのはこの方しかいない、と確信しました。

そこから運命のプロジェクトが始まったのです。

龍と意図的に繋がることを体得した私は、龍が世の中で言われているような祟りを起こしたり、怒らせるとバチを当てるような恐ろしい存在ではなく、深い深い愛と慈愛に満ちた壮大なエネルギー体なのだと体感しました。

そして、龍と遭遇した体験がある、日幸知さんも言われるように、私たち人間がイメージしているよりも、遥かに軽くて身近に降りてきてくれる、遊び心に満ちた存在なのだと感じるようになりました。

初めて龍を降ろした時に、ある強烈なエネルギーが私の身体に入ってきました。

それは、私が過去に何度も経験した、不安に苛まれた時に私を助け癒してくれた、慈愛に満ちた、あのエネルギーだったのです。

私を助け導いてくれていたのは、龍という高次のエネルギーだったのだという確信と共に、その愛に感謝が満ち溢れ、涙が止まりませんでした。

龍と共に "メッセージを伝えるミッション"

龍神タロットを作成するにあたって、ご縁のあった、高次の次元と繋がれるパワースポットや神社、お寺に行き、「このタロットへのメッセージをください」と伝え、龍神からのメッセージを降ろし続けてきました。

龍と繋がりメッセージを降ろすという作業は、龍や高次の存在が、私をツールにし降りてくるため、強烈な宇宙の高次の慈愛を身体中に感じます。そのたび私のハートに感謝が満ち溢れ、どれだけ宇宙から愛されているか、自分という存在の尊さ、また、すべての生きとし生ける存在の尊さを感じられる、幸せで歓喜に溢れる癒しの作業でした。

龍のメッセージはペンがついていかないほどの速さで降りてくるため、大切なメッセージを書き漏らさないようにすることで必死でした。またある時は、メッセージを降ろし始めると、走馬灯のように自分の子供時代の映像が流れ始め、自分は今の自分になるために、子供時代に様々な感情を体験することを選んだのだと腑に落ち、深い深い癒しが起きたこともありました。

そして、龍が必ず私に伝えてくれるメッセージは、"あなたはよくやっている、あなたはよくやっている"、という励ましと慈しみの言葉なのでした。龍神からのメッセージ一つ一つの言葉の有り難さに感謝の涙を流しながら書き綴り完成したのが、「氣・龍神タロットカード」であり、それを基に作られたのがこの本です。

私には子供たちがいて、セラピストの仕事もあり、忙しい毎日の中でしたが、この龍からの感謝にも捉えられるような言葉に励まされ、このミッションをやり遂げることが出来たのです。

日幸知さんの絵が完成したのが、平成時代の最後の瞬間、4月30日23時59分でした。その最後の絵が描き上がった瞬間に、令和の時代が幕を

開けたのです。

アトランティス時代やレムリア時代の再来と言われている、意識の時代の幕開けに誕生した、「氣龍神　導きのメッセージ」があなたの人生のサポートとなり、魂の目覚めに役立てていただけたらとても幸せです。

日幸知さんが龍と繋がって描かれた絵は、部屋に飾ると体調が良くなったり、幸運が舞い込んだりと、様々な奇跡が起きる龍の絵として知られています。その波動のパワーと、龍神からのメッセージ80枚があなたの元にやって来た時から、あなたはより高い魂の目覚めの道に導かれていくでしょう。

目に見えない存在との繋がりは、あなたに次元上昇を起こし、この「氣龍神　導きのメッセージ」と出会ったあなたが、より周りの人々と愛を分かち合い、あなたが望む創り出したい人生を、様々な感情を経験しながら、この地球でのチャレンジを楽しむことを願っています。

この「氣龍神　導きのメッセージ」を手に取っていただいたあなたの人生が、より素晴らしいものになることを心よりお祈りし、愛と感謝を贈ります。

スピリチュアルメッセンジャー rumi

1 愚者になれ

あなたの魂は自由になりたがっている。
それは両親から、先生から、教科書から、常識から、長きにわたり
教えられてきたことから解き放たれ、自分のスピリットに従う生き方を
選ぶ自由への道だ。
それは勇気がいる。自由になることは、本当に勇気がいるのだ。

いったん自由を選ぶと、あなたは解き放たれる。
自分を守っていた教えが、実は自分を縛っていた鎖だったと気づき始める。
今、あなたが欲しいものは、安全な道にはないものかもしれない。
今、あなたが行きたい場所は、無謀な場所かもしれない。
けれどもあなたは自由に行くのだ。自由があなたを行くべき道に連れて行ってくれ
る。自由があなたを地球全体に広げ、あなたはワクワクしただすだろう。
マインドのエネルギーは、あなたを抑えたがるかもしれない。そんなことをしたら
危険だ、そんなことをしたら常識外れだと。けれどあなたのスピリットは知ってい
る。

あなたが自由を選べば、あなたがどれだけ人生を楽しめるか知っている。
その道が安全ではないと感じたとしても、欲しいものを取りに行きなさい。
自由という羽根を広げて飛び立ちなさい。
そこには見たことのない景色があり、あなたのハートは今飛び立つことを求めてい
る。

あなたは今ワクワクしていないかもしれないし、これから始まる冒険に、少し怖さ
を感じているかもしれない。けれどあなたがいったん自由を選べば、怖さは瞬間瞬
間の快感に変わるだろう。

あなたを縛るものは何もなく、次のステージにジャンプ出来る時が来ているのだ。
（愛知 八大龍神社にて）

このページを開いたあなたへ　rumi からのメッセージ

どんなことにも縛られることなく、無限の自由を楽しんでいる愚者は、あまりにも無謀で
自分勝手に見えるでしょう。けれどそのスピリットがひとたび成熟すれば、それは無垢な
ハートで自由にイキイキと自分を生きることへと変化させることが出来るのです。
あなたの人生に、冒険の招待状が来ています。

未知なことはドキドキするチャレンジですが、あなたが自分に自由を許せば、あなたは制
限から抜けて無限に自由になれるのです。

2 創造のマジシャンになれ

今、あなたは自分のソースエネルギーと深く繋がり、内側の声を聞いて、そこにある言葉や本音を表現していく時がやってきている。
それは、幼少の頃に無意識に取り入れた"我慢したほうが愛される"という思い込みから、あなたが自分の安全を守るために言わなかった言葉や、本音を表現することに勇気を持つことだ。

ソースはあるがままのあなたで愛されることを知っている。
たとえ恐れに立ちすくんだとしても、あなたの本音と繋がるのだ。

あなたのハートの真実は、本当にあなたが表現したいことを知っている叡智だ。
"本当はこれが欲しい""実はこれをやめたいと思っていた""本音はもうそこには行きたくない""本心はもっと頼りたい"こんなふうに心で感じていることは何だろう？
我慢や頑張ることで、愛される、認められることを選ぶのではなく、あるがままのあなたで生きることで、あなたはもっと自分を認め愛することが出来る。

今、まさに表現する時は訪れた。
勇気を持って表現していくのだ。
（福岡 観世音寺にて）

このページを開いたあなたへ　rumi からのメッセージ

青龍は金色と銀色の高次の魔法の玉を使い、物事を動かしていく様を現しています。そのように様々な手段を使い、あなたの本音を生きることに繋がるようなコミュニケーションをし、行動していくことをサポートしてくれています。今はじっと留まっている時ではありません。積極的に様々な手段を使ってポジティブに行動していく時です。

どんな行動をしていくかは、直観が教えてくれるはずです。まずは思いついたことから行動してみましょう。

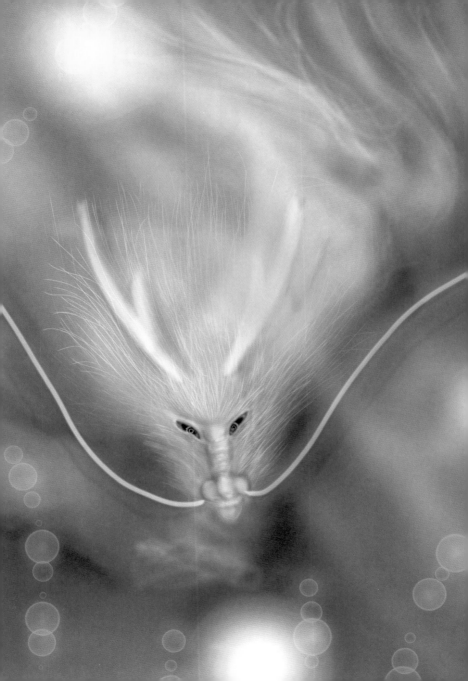

3 直観を受け取る

川の流れのように、あなたの元にやってきた情報、流れ、導きに従いなさい。

あなたは、あまりにもその流れが急すぎるように感じたり、自分には相応しくないと感じているかもしれない。けれど、今あなたが流れていこうとしているその道は、あなたにとって最良の流れへと繋がる道なのだ。

水はどんな形にも姿を変えることが出来る。その流れをより最良のものにするために、自分の考えを手放し、あなたの元に来た流れを信頼し、これからの人生に活かしなさい。

マインドで考えた答えや計画ではなく、直観に従って、今までの領域を超えなさい。

それはとても精妙なエネルギーで、宇宙からあなたに届けられたギフトなのだ。
あなたがひとたびそれを許せば、あなたの元にたくさんのメッセージがやって来る。
それは決して今までのマインドではありえないことかもしれない。

考えるのをやめ、感じなさい。
それはワクワクすることなのかもしれないし、とてもドキドキすることかもしれない。いずれにせよ、あなたの元にやってきた最高のギフトなのだから。
それを受け入れた時、あなたは満足感で満たされるだろう。そしてそのエネルギーは、あなたの繊細さを通じて表現されていくだろう。

天から受け取ったエネルギーを地に降ろし、あなたは表現する。
宇宙の流れに力を抜いてゆだねなさい。流れて行ったその先で、あなたはまだ見たことがないような世界を経験出来る。
（愛知 大縣神社にて）

このページを開いたあなたへ　rumi からのメッセージ

ここにはとても繊細で美しい水の龍が描かれています。
その繊細さゆえに、傷つきやすいあなたのハートを表してもいます。自分に対し優しくゆっくりと感じる時間を取ることは、自分の人生を上手くいかせるために、時として、とても大切です。

また、繊細になりすぎると、人の言動に敏感になることもあります。いずれにせよあなたは、今自分の内面や直観を感じることが、とても大切な時期なのです。感じることのみが、あなたの助けなのです。

4 慈悲なる流れ

あなたはいつも大いなる宇宙からの愛に守られている。

それはあなたがたとえ悲しみに打ちひしがれる時も、恐れに震える時も、宇宙の愛は変わらずあなたに降り注がれ続けている。
たとえ今あなたがどんな状況にあったとしても……。

宇宙の愛を信頼しなさい。
あなたのもとに降り注がれる慈悲を信頼するのだ。

愛とはとても美しいものを表す。だが慈悲とは、喜びや幸せだけでなく、すべての痛み、すべての悲しみ、すべての苦しみ、人間のありとあらゆる感情を経験し、理解した後に訪れる深い許しと理解なのだ。
まず自分自身に優しく慈悲を与え続けなさい。

たとえあなたが、今世界でたったひとりだと感じていたとしても、あなたは宇宙からの慈悲に守られている。
今、あなたは誰よりも自分自身に優しくする時だ。
母親が大切な子供を抱きかかえるように、自分自身を抱きしめるがよい。

あなたが自分自身に与える慈悲こそが、世界に慈悲を与えることになるのだから。
（京都 廣隆寺 弥勒菩薩前にて）

このページを開いたあなたへ　rumi からのメッセージ

京都弥勒菩薩の前で降りてきたメッセージは、まさしく慈悲心のメッセージでした。この世の中を慈悲のまなざしで見守っている弥勒菩薩のように、美しい紫に輝く龍が、あなたをそっと優しく包み込んでくれます。

自分を大切に、自分自身に慈悲深くあってください。
自分に慈悲を与える時、あなたは周りからも大切にされる存在になるのです。
そして、自分に優しくすることが、世界に優しさを広げることに繋がるのです。

5 全身全霊

使命に生きるのだ。
あなたが地球に生まれたのはなぜか。
あなたが地球でやろうとしてきたことはなにか。

自分の魂の道を生きよ。自分の命のパワーを全身全霊で使い、自分の人生の全責任を負うのだ。

自分の源を誰かにあずけてはいけない。自分の人生を誰かに任せてはいけない。あなたはあなたであることに全力をかけるのだ。
生命の成り立ちは、ひとつの粒から始まった。そこには望みがあった。望むことからすべての創始が始まった。望みとは、聖なるエネルギーである。

あなたは、あなたの人生を創始するために、望み続けなければならない。本心からの望みを感じ続けなければならない。望むことはすべての生命の根源だからだ。

あなたの人生を尊きことに使いなさい。それは、自分の源と繋がり、望み続けることだ。誰かの望みを生き続けるのではなく、あなたはあなたを生きることを望み続けるのだ。あなたが尊い望みを持つことが大切なのではなく、ただ本心から望むこと、それこそが尊いのだ。あなたのこの地球での命は有限だ。

**いつか地球での時は終わる。 その時まで、
あなたの生命の鼓動を全身全霊で打ち続けなさい。**

あなたが覚悟を決めれば、あなたはあなたの責任において、すべてのことを成すことが出来るのだ。
この命を生ききる覚悟を決めよ。すべての命には限りがある。あとどれくらい時間が残されているのか、あなたは知らない。今与えられている尊き時と、その命を生ききりなさい。

あなたの魂は、さらに、さらに、命を活かすことを望んでいるのだ。
（京都 二尊院 大日如来前）

このページを開いたあなたへ　rumi からのメッセージ

人は社会的な外側の責任や、他者から与えられたものだけが責任だと思いがちです。けれど、真の自己責任とは、自分の人生を自分で決めていく、人生への責任なのです。あなたはあなたの人生の、すべての決定を他の人に任せず、自分の責任においてクリエイションしていくのです。

人の期待に応える生き方ではなく、自分の内なる真の望みを生ききりましょう。

6 体験からの学び

人間は光を忘れてしまった。内なる光を。
本当なら、その光を携えていれば、不可能なことは何もない。

内なる光を取り戻すために、愛を体験しなさい。

本を読み、知識を得たとしても、内なる光は取り戻せない。内なる光を取り戻すために、喜びや悲しみ、様々な感情を体験しなさい。

あなたが体験する人生のありとあらゆる感情が、あなたを目覚めさせる。

対岸からそれを眺めているのではなく、その波の中に飛び込みなさい。
あなたはそこで水の冷たさや、海の美しさ、素晴らしさを経験するだろう。その時、あなたは初めて、そのエネルギーを人に分け与えることが出来る。

様々な感覚をあなたは体験することであなたは気がつくだろう。他の人が抱いている感情を。そしてあなたは様々な人に共感し、愛の人となる。その内側の愛の光は、様々な人を導き癒すだろう。そしてその愛の光は、自分自身をも導き癒すだろう。

多くのスピリットは、まだ眠りについている。争いや奪い合い、競争や劣等感、自己否定を感じている。けれど、その感情さえも目覚めへのきっかけなのだ。

あなたの中に、その感情があるのならば、自分を優しく抱きしめなさい。するとあなたは体験する。どんな自分をも受け入れる愛を。それはあらゆる感情を体験することからなるもの。なぜこの感情を抱いているのか、なぜこんなにも苦しいのか、嬉しいのか、寂しいのか。

どんな感情を抱いていても、体験しなさい。

それはこう考えるべきだ、という頭での理解は役に立たない。あなたが体感することのみが、内なる光を取り戻す方法なのだ。
（神奈川 江ノ島弁財天 龍神神社にて）

このページを開いたあなたへ　rumi からのメッセージ

運転免許を取ることと、実際に運転することが違うように、知識を得ることと、それを実際に体験してみることとはまったく違います。私たちは学びというと、何かを覚えることや資格を得ることだと思いがちですが、人生を助ける本当の学びとは、あなたが経験したことから感じた理解や知恵なのです。

あなたの人生で、今起きていることに深く入っていき、それを学びとしましょう。
体験を通じた学びとは、自分だけでなく、周りの人々の助けともなるのです。

7　愛の繋がり

本当の魂の繋がりとは、時に相手の心を自由に解放する役割や、肉体の愛欲を超えた信頼のみで繋がる愛となり、それは決して縛り合ったりするものではなく、真の繋がりを創るものだ。

今、あなたに魂の繋がりを創る学びの時が来た。
マンダラのエネルギーの糸のようなバランスをとるように、男女それぞれに異なる役割がある。その役割を果たす時、心からの繋がりと愛を経験する。
共に生きる学びには喜びと真の繋がりがあるのみで、与え合うものだけが存在している。

あなたの人生に愛が生まれるのを許し、受け入れなさい。
もっと愛の中に入っていきなさい。

人と深く関わることは、傷つく恐れも伴うだろう。けれどあなたの魂は成熟し、愛を与え合う準備が出来たのだ。
自分のハートを感じ、相手の中にあるハートも感じなさい。
愛を止めているのは誰でもない、自分の中にある内側の恐れなのだ。

愛を許容する時、あなたの人生に愛は現れる。

至福の愛を経験しなさい。
それはあなたの人生を深い喜びで包むものになる。
それによりあなたの魂は、さらに輝きを増すだろう。
（三重　伊勢神宮にて）

このページを開いたあなたへ　rumi からのメッセージ

愛とは人生に、ときめきと喜び、幸せをもたらすものです。二頭の白龍が織りなすマンダラのように、愛とは、人との関係性に美しい世界を織りなします。それと同時に愛することは、切なさや嫉妬、苦しみを感じることもあるでしょう。
そのすべてを含め、愛の中に入って、愛を経験していきなさいと、二頭の白龍が優しく導いてくれています。

あなたは今、パートナーを求め、探している時でしょうか。それとも、親密なパートナーシップを経験しているのでしょうか。そのいずれにしても、愛に関わっていくことは、あなたを成長させ、真の魂のパートナーシップを持つ道にも繋がっていくのです。

8 パワー

あなたのパワーを全開にし、望む方向に向かい続けなさい。

丹田のエネルギーを解放すれば、宇宙の力があなたに降り注がれる。
今は自分の願望に正直になり、それを手に入れていくために立ち上がって進む時だ。心からのあなたの夢、あなたの欲しいものに向かって、あなたのパワーを出しきりなさい。

今は、誰かが犠牲になってあなたのために欲しいものを与えてくれるのを待つのではなく、自分の能力や創造性やエネルギー、そして知恵を使い、自分の望むものを宇宙に放ち、行動していく時。決して、じっとしている時ではない。

あなたには望みを手にする価値があり、また、それを手にすることで、周囲の人にもパワーを与えられるあなたになるのだ。

あなたが自分のパワーを使い動き始める時、宇宙はそれをサポートする。

そして宇宙から差し出されたサポートに遠慮はいらない。
それを受け取り、あなたの願望を達成させていきなさい。
ただ、ただ、あなた自身のパワーを信じて突き進んでいきなさい。

それはいつしかあなたの強さとなり、力強く自分の足で立っていく軸となるのだ。
（京都 廣隆寺 弥勒菩薩前にて）

このページを開いたあなたへ　rumi からのメッセージ

欲しいものを得る時、あなたはどんな行動をとっていますか？
このメッセージは、自分のパワーの使い方について気がつくように導いています。
あなたは自分の欲しいものを自分のパワーを使って得られるのです。
どんなふうに自分のパワーを出しているのか気づきましょう。

9 叡智

クリスタルは過去の叡智が詰まった地球からのギフトだ。その波動に触れる時、共鳴し癒しが起きる。クリスタルには多くの目覚めのヒントがある。ひとつの文明が始まり、終わりを告げた様々な歴史が刻まれている。そうして多くの輪廻転生を繰り返し、人々は目覚めていく。

歴史の中で文明が滅びた時代には、人々はインスピレーションを失っていた。恐れや不安が人々の中に入り込んだ時、奪い合うようになり、競争するようになった。資源を共有せず、所有するようになった。あらゆる滅びの時代には、人々が恐れと不安にとらわれていた背景がある。

あなたの人生を冷静に眺めてみてご覧なさい。

必要なものはすべて与えられ、余りある資源に恵まれている。

けれども、あなたがひとたびインスピレーションを失えば、あなたは恐れにさいなまれる。失うことや奪われること、そのリスクが心配になる。いつもインスピレーションに満ちていなさい。源でいて、あなたの創造主としてのパワーを感じていなさい。

源でいる時、人は恐れや不安を感じることはない。直観を失い、まだ起きていないことを恐れることで、思考の中のとらわれに入ってしまう。

あなたの意識を見守りなさい。

今、何が真実なのかを。
不安や恐れ、心配ではなく、今、本当は何が起きているのかを。
するとあなたは気がつく。自分が宇宙からどれだけ愛され満たされているかを。クリスタルの中にある叡智があなたの中に宿れば、あなたにはすべてがわかる。自分がどこに行き、何をすれば良いのかが。
（神奈川 江ノ島弁財天 龍神神社にて）

このページを開いたあなたへ　rumi からのメッセージ

頭で考え続ける思考の中にいると、直観的な気づきは降りてきません。また、直観で気づいた洞察は、すぐにインスピレーションに従って行動しないと、自分の狭い思考の制限の中に押し込まれてしまう可能性があります。

直観や高い次元の視点を大切にするようにと、このメッセージは教えてくれています。このページを開いた時には、マインドを休息させるために瞑想してみるのも良いでしょう。

10 隠者

自分自身の道を、ただただ歩きなさい。それが、たったひとりであったとしても、自分を信頼し、自分の内なる光で自分の歩く道を照らしながら。

するとあなたは気がつく。自分がひとりではないことを。自分の道を恐れずに歩く時、あなたにはやがて多くの応援者が現れるであろう。あなたの道を歩きなさい。

それが、誰からも認められないとしても、あなたの内側にはたくさんの知恵と体験が携えられている。その内側にある叡智で道を照らしながら歩きなさい。
一歩一歩、自分の行くべき方向へ。

あなたの歩いた道は、やがて他の人が歩く道しるべとなるであろう。あなたは先駆者である。誰かの後をついて行ってはならない。あなたの道は、あなた自身にしか歩けない道なのだ。

カンテラを片手に暗闇を歩くように、自分の足元だけを照らしなさい。先を考えすぎると、光は弱くなる。足元を照らせば、あなたは道に迷うことはない。
すでに多くの学びを得てきたあなたは、自分で自分の道を照らすことが出来る。

孤独を恐れて、人に合わせてはいけない。答えを外に求めて、人に左右されてはいけない。

あなたにはあなた独自の道が与えられているのだ。今は静かに内省しなさい。その静寂の時が、あなたにすべてを教えてくれる。

それは、本当の孤独ではない。宇宙で唯一無二の自分と繋がるための方法なのだ。自分であることをひたすら許すなら、あなたは孤独ではない。外側の何かで欲求を満たしたいという思いさえもなくなる。

あなたはひとりでいようとも、誰かといようとも、自分という宇宙の中でくつろいでいられるのだ。
（岐阜 弥勒寺にて）

このページを開いたあなたへ　rumi からのメッセージ

社交的になり人々と関わることも時として楽しいことですが、今は人といるより自分の内側と向き合う時期のようです。
内なる光としっかりと繋がり、自分の内側からやって来る答えを見つけに行く、自分の人生への探求の旅は、あなたに深い気づきを与えてくれるでしょう。
優しい目をした思慮深い黒龍が、自分独自の道を行くように、導いてくれているのです。

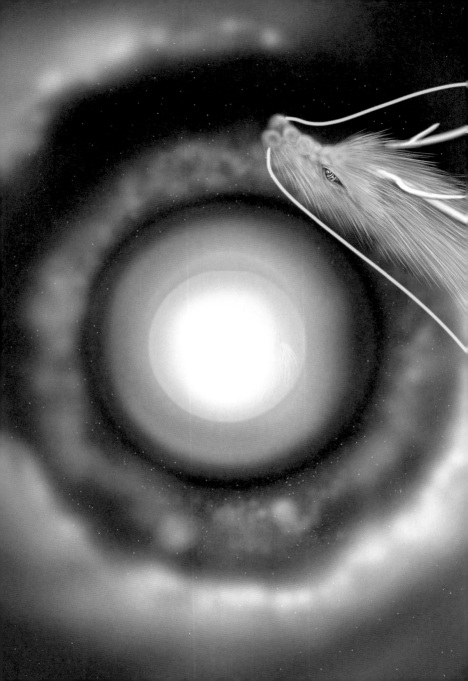

11 運命の輪

あなたは大きな高次の流れに導かれる時が来た。

龍の背に乗り、運命の輪が回り始めた。

途方もないスピードで、新しい世界が進み始める。
流れに乗る覚悟と、心の穏やかさを持ち、そのスピードを楽しみなさい。
今は大きな変容の恐れの中に入ってゆく時だ。
そうすれば運命は、あなたを真の道に導く。
魂の求める道が、さらなる喜びにあなたを連れていく。

真の魂の道を選ぶ時、すべては変わっていく。

そのスピードに恐れず付いて行きなさい。
高次の存在のサポートが、あなたを新しい世界へと誘うだろう。
ここからあなたは今まで感じたことがない、見たことがない世界に行こうとしている。

それは、足元がおぼつかなく、変化に対する恐れを感じることもある世界だろう。
その時には、この世に変わらないものがないことを覚えておきなさい。
それは絶えず変化していく宇宙の成り立ちであり、法則なのだから。

その変化を楽しみなさい。

あなたの魂はより変化し、より成長し、前に進み続けるのだ。
（三重 伊勢神宮にて）

このページを開いたあなたへ　rumi からのメッセージ

大きく回転し、円を描くエメラルドグリーンの龍の真ん中には、高次を表す紫色の光に包まれた光の玉が描かれています。
時として私たちは、自分ではどうすることも出来ない流れや、自分に大きな変化をもたらすであろう大きな流れに出会うことがあります。
けれど高次の流れとは、すべてベストなタイミングで、深い意味があり、起きているのだと信頼しましょう。

この回転を楽しみながら、高次の流れに乗っている美しい龍のように、あなたはひとつの運命の流れの中にいるのです。
その流れがあなたをどこに導くのか、起こることに任せましょう。

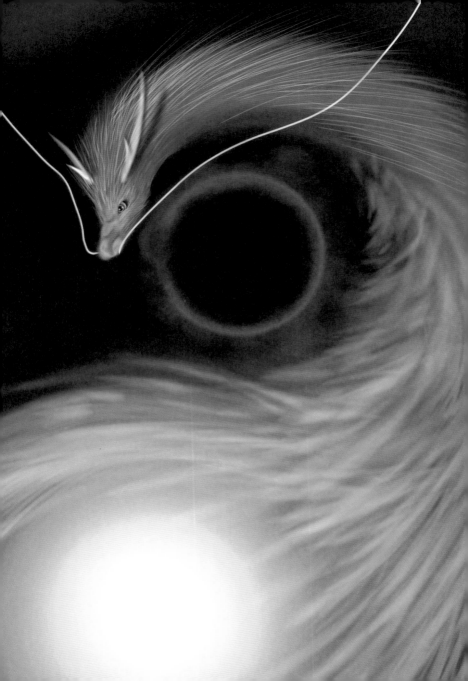

12 熱望

あなたが望むのであれば、あなたの情熱、あなたの熱望、あなたの性エネルギー、そのすべてを燃えたぎらせなさい。

それは情熱の炎だ。情熱の炎は、強烈にあなたの人生を望む方向に導いていく。そしてあなたのエネルギーは、強烈に生を楽しむだろう。

すべての欲望、すべての熱望を、感じたことがないほどに経験してみなさい。それが生きるということなのだ。あなたはこの人生を全うしようとしている。何の望みもなく、情熱を感じることなく生きるのは、死にながら生きているのと同じなのだ。

あなたにはパワーがある。あなたには生命力がある。あなたはそのパワーを使って、人生を謳歌していくことを選ぶことが出来る。

あなたのエネルギーが強烈な時、抑圧している人々はあなたを批判するかもしれない。
あなたも自分と同じように抑圧するべきだと言うかもしれない。それでもあなたは自分の熱望に生き続けなさい。他の人をものともせず、あなたは情熱的に人生を謳歌しなさい。

歌い、踊り、自分の人生を祝福しなさい。自分の望みに向かいなさい。自分の性エネルギーを楽しみなさい。

人生には、神聖さの静けさと、情熱の激しさ、どちらも必要なのだ。生きながら死んではいけない。

あなたはまだまだ楽しむことが出来る。もっと笑うことが出来る。
あなたの情熱は、この世界を熱くする。

情熱を遊びなさい。

この地球の隅々まで……。（神奈川 江ノ島弁財天 龍神神社にて）

このページを開いたあなたへ　rumi からのメッセージ

炎のエネルギーの周りを回るピンクの龍は、人生を情熱的に生きることの素晴らしさを教えてくれています。
時に人は、道徳や常識、ルールに縛られすぎてしまうと、喜びに満ちた生き生きとしたエネルギーが、消え去ってしまうことがあります。
人生とは、生きる情熱や、生々しい生命力に満ち溢れている時、心からの喜びを経験出来るのです。

自分を抑圧させることなく、今関わっている状況に、全エネルギーをトータルに注いでみてください。その先には、歓喜に満ちた結果が待っていることでしょう。

13 苦しみを通しての変容

あなたは、今、制限の中にいるかもしれない。抜け出せない箱の中に入っているような苦しみを感じているかもしれない。
けれど、今、体験していることは、あなたを大きく成長させる。

あなたは新しい場所に行かなければならない。 時を超えて、 制限を超えて、 あなたはそこから出ていかなくてはならない。

けれども、今までのやり方はもう通用しない。新しいあなたになるのだ。
今の試練を抜けるためには、今まで言ってこなかったようなことを言わなければならないかもしれない。今まで決してやれなかったことをやる必要に迫られるかもしれない。

けれどあなたは、次のステージに行くために、それを成し遂げることが出来る。
たとえ苦しみがあるとしても、あなたに超えられない制限はないのだ。
この苦しみには、子供の頃からあなたが愛をもらうために、自分に課してきた制限を超えるチャンスが含まれているかもしれない。

今までは誰かの言うことを聞いてきたことや、人の期待に応えることが、もう出来ないかもしれない。けれど今のあなたにはそれが必要だ。そしてこの試練から学び成長し、新しいあなたになる。
干ばつに耐え抜いた大きな木のように、岩場から咲く小さな花のように。

あなたの生命力は、 さらなる輝きを放つ。

人生の中の試練の時を、次の新しいあなたになるためのチャンスとして、あなたは乗り越え、目覚めるだろう。そして苦しみを持つ人に共感出来るだろう。痛みを持つ人に寄り添うようになるだろう。試練を経験した時、人は同時に慈悲を感じることが出来、そして、愛と目覚めを兼ね備えた人間性を持つことが出来るのだ。
（神奈川 江ノ島弁財天 龍神神社にて）

このページを開いたあなたへ　rumi からのメッセージ

自分自身が、身動きが取れないほど苦しい状況が起きた時、人は悪いことが起きていると、捉えがちです。けれど、人が古い制限から抜け出したり、大きく考え方を変えて成長する時、時にハイヤーセルフは苦しい状況をギフトとして与えることがあります。

全面的に、その学びを受けて立つ時、人の魂は大きく成長し、今まで思いもよらなかった変化を遂げることが出来るのです。困難は学びです。その試練を超えた先に、あなたは自分自身が望んでいた、まさにその場所に到達出来るのです。自分自身をケアしながらも、試練に立ち向かいましょう。明けない夜はないのです。

14 死

死は必ずやって来る。それは自然の摂理なのだ。

物事には終わりがある。それはもうエネルギーを失い、あなたの人生から去っていくものなのだ。

執着を手放し、物事を終わらせなさい。

それを手放し、去っていくに任せなさい。死の後には必ず再生がやって来る。すべてを手放した後に、新しいものは表れる。

それは悲しみではなく、新しい生命が宿る前の祝福なのだ。

あなたはずっと長い間、涙を流していないのかもしれない。けれど、涙が流されることで、あなたの魂は癒される。
悲しみや痛みを感じ手放すことは、時に自分に対する愛の表現となる。自分の胸の中にあるものを解放し、終わらせなさい。

それを手放す罪悪感がある時ですら、その罪悪感を手放し、去るに任せなさい。

すべてに終わりがあり、そしてそれゆえに始まりがある。
終わるということでしか、始まることは出来ないのだ。
冬が来て葉が枯れなければ、春が来て花を咲かせることは出来ない。
あなたのエネルギーを、終わらせていく方向に向けていきなさい。

それはいつか喜びとなり、新しい再誕生となる。

（京都 大蔵経寺にて）

このページを開いたあなたへ　rumi からのメッセージ

何かが終わる時、人は悲しみや空虚感などの、居心地の悪い感情を抱いていくことになります。それが人との別れである場合はなおさらではないでしょうか。けれど、終わりの後には必ず新しい始まりがあります。このメッセージが出た時には、新しい始まりを信頼し、古いものを終わらせていく時期が来ているのです。

生きるとは、変化というプロセスであり、自然の摂理なのです。
馴染み深いものを手放す時、人は怖がって執着する傾向がありますが、今は手放したほうが人生が行くべき道に流れていくのです。
まだ新しいものが始まっていないでしょうが、このプロセスを信頼しましょう。

15 統合

火と水、月と太陽、天と地。

相反するものが統合する時、目覚めが生まれる。

あなたの中の内なる統合の気づきが、今まで気がつかなかった自分の無意識のブレーキを教えてくれる。
あなたが深く瞑想する時、それは気づきとして降りてくる。
もうひとりの知らない自分に出会う時、あなたの現実は動く。

気づいてない自分の無意識を、意識と統合させなさい。
物事をひとつにすることは、より全体へと入っていくことだ。
それは、異なるものからひとつのものを生み出すアートなのだ。

現実に解決したい問題がある時、あなたの無意識を見ればよい。そこには繰り返し起きている人生のパターンがあるだろう。

「何かをする時、必ず何かを失う」「チャレンジする直前に逃げてしまう」「人前で思うように表現出来ない」それらすべての解決策は、意識と無意識を統合させることだ。

あらゆる次元において、今起きている現実とは、あなたがかつては望んだり抵抗したりしていたことが、現実化されているだけなのだ。

それに気づいていないと、あなたは外側をコントロールしようとしてやっきになる。けれども、いつも内側に答えはあるのだ。

あなたの意識を統合させなさい。

それは、現実を創造する美しいアートなのだ。
（京都 鞍馬山にて）

このページを開いたあなたへ　rumi からのメッセージ

あなたの人生の中で、内なる錬金術が起こっています。
今まで気がつかなかったことに気がついたり、なぜ今この状況になっているのだろうかと、不思議に思っていたことの理由がわかったり、今まで消化出来なかった思いが統合されていく時なのです。

陰と陽が繋がり合い、ひとつの美しいアートを創り出すように、あなたの内なる統合によって、新しい変化が起きてきます。今までバラバラになっていた思いが、ひとつにまとまる時でもあるかもしれません。変化に気づいて、人生がさらに上手くいくために、この状況を使っていきましょう。

16 悪魔

人間の中に巣くう悪魔は、その人自身ではない。また、あなたの中に巣くう悪魔もあなた自身ではない。あらゆる恐れや恐怖、不安や心配、悲しみやトラウマが生み出した幻想なのだ。

けれど、ひとたびそのエネルギーにとらわれると、奪わなければならない、嘘をつかなければならない、勝たなければならないと思い込む。その策略が悪魔となる。あなたが、今、人に嫉妬や妬みの心があるならば、あなたは悪魔に乗っ取られている。

嫉妬や妬みの心とは、自分の人生を生きていない時に生まれる。あなたが本当にやりたいことを許可していない時、楽しそうに生きている人を見ると、憎しみになり嫉妬となる。そんな時は、あなたは勇気を出してあなたの人生を生きるのだ。

リスクを超えて、抑圧する安全性を超えて、あなたは自分の人生を生きるのだ。

人からどう奪うかという策略を練るより、自分の力でどう人生を楽しむのかを考えなさい。人目を気にして自分を偽るより、自分に対し正直になりなさい。自分を信頼していないと、人から奪わないといけないと思うものなのだ。それが、他者の人生を奪い、悪魔となる。

あなたは自分のハートに責任を取らなければならない。

悪魔の心に魂を乗っ取られてはならない。けれどもあなたの中に巣くう悪魔は、あなたのすべてではなく、あなたのある側面でしかない。あなたが自分の人生に責任を取る時、その悪魔は消え去る。けれど、あなたが自分に正直に生きていないと悪魔はやって来る。でもそれは、この地球に体験しにきたひとつのゲームにすぎない。

悪魔を恐れるのではなく、あなたは自分の心に正直な人生を生きるのだ。
（神奈川 江ノ島弁財天 龍神神社にて）

このページを開いたあなたへ　rumi からのメッセージ

長い人生の中で、人は様々な感情を経験します。その葛藤を避けるために、時に人は、人のせいにしてしまったり、嫉妬や妬み、嘘をついてしまったりを繰り返すことがあります。このメッセージは、一瞬の魔が差す時に起きる、人間の弱さや、快楽や、誘惑に溺れてしまう心を表しています。

このメッセージが出た時には、恐れを感じることなく、自分を責めることなく、自分や周りの状態を立て直すキッカケにしてみてください。誰の中にも、悪魔の心が顔を出す時があるのですから。
そして、悪魔の心が出る時には、自分のやりたいことをやれていなかったり、自分の人生を楽しめていないのだと気がつきましょう。

17 稲妻

あなたは突然に気づくであろう。あなたの本当の姿に。

人前ではこうしなければならないと、作ってきた見せかけの器は、雷に打ち砕かれ、解き放たれることで、あなたはもっとイキイキとし、本来の自分を生き始める。

すると周りの人たちはあなたを心配するかもしれない。変わってしまったと思うかもしれない。けれどそれが本当のあなたなのだ。
自分の本当に言いたかったこと、本当にやりたかったこと、今まで自分を抑えてきたことをあなたはやりたくなる。なぜこんなにも自分を抑えてきたのかと不思議に思うほどかもしれない。

それが目覚めであり気づきなのだ。
それは雷に打たれたかのように突然やって来る。
それをあなたは抑えてはいけない。

本当のあなたになり、自由になるのだ。

その突然の目覚めはあなたの人生を輝かせる。

自分だと思い込んでいたものが、実はひとつの思い込みにすぎなかったとあなたは気づける時が来たのだ。

あなたはもう、元いた場所に戻れないかもしれない。
けれど、あなたは今までの古いアイデンティティーを脱ぎ捨てることが出来る時が来たのだ。
あなたが居場所だと思っていた場所さえ、もうそこにはない。
そしてあなたは自由にさらに天へと昇っていくのだ。
（京都 下御霊神社にて）

このページを開いたあなたへ　rumi からのメッセージ

崩壊というと人は怖さを感じてしまうかもしれません。
けれど、それがあなたにとって大きな変化と癒しをもたらすのです。強烈な浄化の後には、新しいあなたが誕生します。
思い込みや安全のために守ってきたもの、執着や所有物といった、いらなくなったものを手放せば手放すほど、あなたは真の道に進むことが出来るのです。
今は祝福の破壊が起きるに任せましょう。

18 星

今あなたの元にやってきた、新しいチャンスやチャレンジを信頼しなさい。

母なる地球はあなたを選んだ。

地球の生命のエネルギーがあなたを応援し導くであろう。あなたはここから自分を信頼し、起きてくることを受け取りなさい。それはまだ、大海の一滴のように見えるかもしれない。大きな宇宙の中の小さな星に見えるかもしれない。けれどあなたが進んでいくと、それは大海原に繋がり、宇宙全体に広がる大きな創造となる。

それはインスピレーションとして訪れるかもしれない。人からの情報として訪れるかもしれない。今のあなたには、それは大きなチャレンジに感じられるかもしれない。けれど、宇宙の流れを信頼しなさい。あなたの元に訪れるチャンスは、あなたの魂を大きく成長させ、新しい仲間を連れて来る。その仲間たちと共に、創造を楽しみなさい。

そのインスピレーションを受け取って、現実化させていきなさい。ひとたびあなたが動き始めれば、地球のエネルギーがさらにそれを動かし続ける。その創造エネルギーと繋がり、この地球で遊び、喜び、プロジェクトを受け取っていきなさい。

地球から星を見上げてごらんなさい。星はひとつひとつ違う輝きを持っている。そして、それぞれが比べることが出来ない光を放っているのだ。実に堂々としているその光は、あらゆる人々を魅了する。

あなたが自分を信頼すればするほど、空に輝く満天の星のようにその光は増し、多くの人々を魅了するだろう。

そして、あなたの才能はさらに開花する。

あなたのインスピレーションを地に降ろしなさい。それはあなたを至福に導く道なのだから。（愛知 八大龍神社にて）

このページを開いたあなたへ rumi からのメッセージ

希望や理想を表す象徴の星は、夜空に輝く私たちの道しるべです。
高い次元から来る直観も、まさに私たちの人生の道しるべなのです。けれど直観とは一瞬のひらめきであり、今までの思考からは思いつかないような高次の視点です。

そのため、私たちは気づいていないと、直観を制限からかき消してしまうことがあります。このメッセージが教えてくれているのは、あなたの直観や、今あなたにやってきていること、思いつきが、どれだけ今までの視点にないことだったり、チャレンジだったとしても、自分を信頼し現実化させていきなさいと励ましてくれているのです。
自己と自己の流れを信頼しましょう。

19 月

満月のエネルギーの前に、二頭の龍が、今まだ見えない世界の扉を守っている。
その扉が開かれる時、あなたの無意識は開かれる。

今は月の光のエネルギーの前に立ち、扉が開かれるその時が来るまで見守り待ちなさい。その時が来るまで、目の前の光のように、穏やかに自分の心を見つめなさい。

決して先を急がず、不安定な状況があったとしても、忍耐強く待ち続けなさい。

紫色の高次のエネルギーは、あなたを見守り導く光。
状況を把握出来ないとしても、わからないままでいなさい。

いつか時が満ち、そのエネルギーが開かれた時、状況は進み始める。

あなたは、わからないということを不安に感じ、何とかしようとするかもしれない。
けれど今は、わからないという時の中で寛ぐのだ。

少しずつあなたの無意識は開かれるかもしれない。それとも電光石火の稲妻のように、あなたはひらめくかもしれない。その神秘の流れがあなたを導くまで、その状況の中で学びなさい。
無意識の世界はとても深く、時に過去世から、時に幼少期の忘れている記憶や人生で繰り返し起きるパターンの膨大な記憶の中に、多くのメッセージが隠されている。

今まだ知る必要がない無意識の世界は、あなたの傷つきやすさから、あなたのハートを守ってくれているのだ。

（三重 伊勢神宮にて）

このページを開いたあなたへ　rumi からのメッセージ

人はみな、わからないということに不安を感じますが、人生はすべてがわからない未知なる世界へ入っていく神秘であり、瞑想なのです。少し居心地が悪いかもしれませんが、あなたの潜在意識が、あなたに扉を開いてくれるまでもう少し待ちましょう。わからないという状況の中で、しばらく寛いでみましょう。

あいまいな状況の中で、何かがクリアになっていくまで、静かに見守っていてください。

20 太陽

太陽、それは大地すべてを照らすまばゆい光たるもの。
今あなたの中にある、すべてのものに陽の光をあてる時が来た。

輝く太陽となりて、人々の導き手となる時来たり。

暗い夜は明け、陽が昇り、あなたの人生が輝きだす。
人々の導き手となるあなたは、多くの恩恵を受け取るであろう。
太陽となるがゆえの挑戦もあり、人々の投影となり、矢を受けることもあるであろう。
けれどあなたの今の役割は、先頭に立ち、高みに登り、周りを照らすことなのだ。
太陽のまばゆい光は、すべてを成長させ明るく照らす存在。

あなたの成長そのものが周りを照らし導くのだ。

成長するための努力をいとわず楽しみなさい。

どんな困難があろうとも、あなたの光はそれを照らし、乗り越える力を持つ。

その光から、創造エネルギーを生み出し、あなたは前に進み続けることが出来る。
自分の内にあるものを、すべて包み隠さず表に表しなさい。そのあなたの正直さが、
周りの人々を正直にするだろう。あなたの誠実さは、すべてを照らす太陽のごとく、
多くの人々に光をもたらす存在になる。
（三重 伊勢神宮にて）

このページを開いたあなたへ rumi からのメッセージ

太陽の上に光り輝く白龍のエネルギーは、すべてのものを源に導く存在。あなたの中にある男性性の陽のエネルギーを使い、パワフルに動いていく時です。プロジェクトや仕事、家庭の中でも、あなたの明るいエネルギーが、周りを照らしていくでしょう。
成功や達成に向かっている時に、このメッセージが出たのであれば、そこに向かう困難や努力さえも思う存分楽しんでください。あなたには、それを超えて成功していくパワーがあるのですから。

また、なかなか自分を出していけない時に、このメッセージが出たのであれば、自分が人から認められるために本来の自分を隠しているかもしれません。あなたが正直な自分をさらけ出すことで、あなた本来のパワーを取り戻すことが出来るのです。

21 永劫

あなたの小さな価値判断や、個人のエゴの世界を超えて、高次の導きに身をゆだねてみなさい。

大海に広がる大自然、宇宙に散らばる何億もの星のように、より広い視野やより高い次元にあなたは移行しようとしている。

あなたの人生を壮大なヴィジョンで見てみよう。すると、あなたはここから、より広がり、より高みを経験していくだろう。もしかしたら、そんな力はないと自分を見くびっているかもしれない。けれどもあなたは、今、高次の導きの渦の中にいるのだ。あらゆる古代の叡智が舞い降り、サポートするだろう。

あなたは大きな変化を体験しているかもしれない。その変化が深い気づきへと導き、あなたは新しい世界へ行きたくなる。そのより高い領域に行った時、今まで何と狭い世界にいたのだろうと気がつくであろう。

宇宙のエネルギーは無尽蔵であり、無限の愛を送っている。

その愛に波動を合わせなさい。宇宙の次元と共鳴しなさい。そのために、あなたはもっと深く自分を愛さなければならない。

自分がこの広大な宇宙の中で、唯一無二の存在だと気がつき、自分の尊さに敬意を払いなさい。

神を扱うように自分の魂を扱いなさい。

高次のエネルギーは、あなたが宇宙と同調する時、あなたを導き続ける。

宇宙の深い愛に繋がった時、今までハートに感じたことのないような、途方もないエネルギーが流れ出す。

宇宙はあなたを選んだ。

あなたはより高い次元へと再誕生し、より覚醒へと入っていくのだ。
宇宙とあなたはひとつなのだから。（神奈川 江ノ島弁財天 龍神神社にて）

このページを開いたあなたへ　rumi からのメッセージ

自分の内側で考えていた世界から、より広い視点を持つ時がやって来ました。
宇宙には愛のエネルギーが満ちていて、それをあなたが受け取ることを許せば、あなたの元にその愛が流れ込み、あなたは導かれるのです。
あなたが頭で考えているより、より広大なチャンスや世界があなたを待っています。

22 宇宙

宇宙とは、すべての存在が受け入れられ、帰っていく場所。
そのスペースを思い出し寛ぎなさい。

あなたは、今、大きな宇宙のプロジェクトの中にいて、そこに気づきをもたらすよう、促されている。

あなたの本来生まれてきた目的、自分の心の中の深い宇宙との繋がりに気づく時が来たのだ。すべての答えは、自分の内なる宇宙の中にあり、そのスペースの中に帰る時、人は本来の自分の魂の目的を思い出す。

あなたが今まで自分だと思い込んできた、教え込まれた人生に終わりを告げ、魂の目的の道に気づきをもたらす時がやってきた。

その道に気づいた時、宇宙の高次の存在があなたを導き、あなたをサポートする。
今までの思考から離れ、今までの感情から離れ、今までの自分自身を完結しなさい。
あなたが自分だと思ってきたものから自分を解き放つ時、あなたは真のあなたになる。
今まで頑張ってきた自分に感謝を贈り、笑顔でさよならを言いなさい。
大きな人生のある側面が終わろうとしているが、あなたは終わりではない。

これから新たな旅が始まろうとしているのだ。けれど、あなたの旅はまだ始まってはいない。今までの自分を完結させていくことが、今のあなたへの最高のギフトであり、最高の実りなのだ。
（三重 伊勢神宮にて）

このページを開いたあなたへ　rumi からのメッセージ

壮大な宇宙の流れの中で、美しい白龍が月の光を眺めています。
宇宙から見れば、私たちの人生は小さなものですが、ある大きな流れの中にあるのです。

その流れの中で何かが終わりを告げ、また何かが始まっていくのです。
あなたは今、個人という考えを超えて、大きな流れの完結のエネルギーの中にいるのかもしれません。

それは、今まで種をまいて育ててきた実りを受け取る時でもあります。
今起きている結果が何であれ、あなたが育てた実りを刈り取りましょう。
それは、自然な開花でもあるのです。

23 ダイナミックな動き

あなたのハートにある、神聖な場所から突き上げられる願望や熱望に従い、その目標に向かって大胆な動きをとりなさい。

あなたは自分の本当の力を知らない。あなたの中には、まだまだ眠りについているパワーがある。そのパワーが湧き上がるに任せて、あなたの人生を前に進ませなさい。

脇目もふらず、あなたのスピリットが指し示すその方向へ。あなたは大胆に生きる準備が出来た。

あなたのエネルギーは周りを巻き込んで事を成し遂げていく。そのエネルギーを信頼し、自分を信頼しなさい。あなたの夢そのものにパワーがあり、それは明確にヴィジョンとなって表れる。そのヴィジョンに向かい、あなたは動き始める。その動きを天はサポートするだろう。

あなたのエネルギーの源から湧き上がる情熱や喜びに、あなたの生命をかけて動いていきなさい。

それは強烈な現実創造であり、創始なのだ。無限の宇宙には、どんなものも創造出来る力が宿っている。その創造エネルギーを使いこなすには、あなたが源になることが必要だ。

そしてあなたのハートには愛が宿っている。その愛を携えて、源のエネルギーで進むのだ。そのヴィジョンはパワフルだ。そしてあなたはパワフルなのだ。

本来の力に気がつき、あなたはさらに人生を大きく進ませなければならない。

それはあなたが地球に降り立ち、やりたかったことのひとつなのだから。

（愛知 八大龍神社にて）

このページを開いたあなたへ　rumi からのメッセージ

強いパワーが満ち溢れている時、そのパワーのエネルギーの焦点を合わせれば、大きな達成や成果を得ることが出来ます。

ダイナミックに動いていく白龍は、強い意志を持つことの大切さを教えてくれているようです。あなたがエネルギーを向けていきたい先はどこでしょうか。あなたが強烈に焦点を向けた先に、現実が創り出されるのです。

あなたの情熱が強ければ強いほど、その創造エネルギーは熱量を増し、創造のスピードが変わってきます。大胆に熱い情熱のエネルギーを、あなたの創り出したい現実に注いでいきましょう。

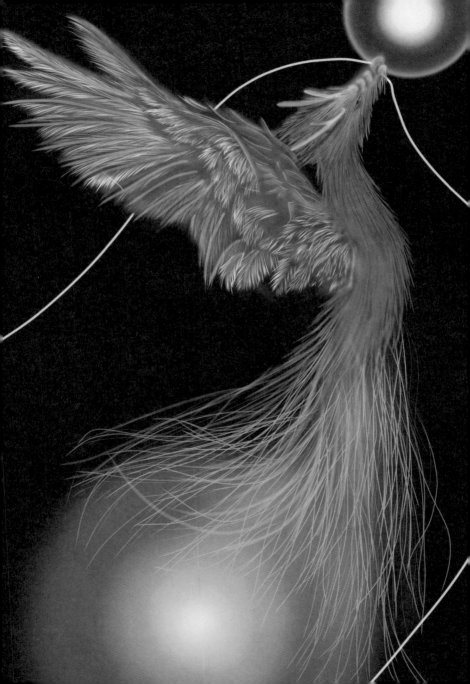

24 魅力的なエネルギー

あなたの全エネルギーを、向かいたい方向に向け続けなさい。

火の矢のごとく、火のエネルギーはあなたを突き動かす。その内なるエネルギーに従って、あなたのエネルギーを向けなさい。生きとし生けるものすべてがエネルギーで出来ている。燃え盛る炎のように、あなたの情熱は燃えたぎってはいないかもしれない。けれど、穏やかさの中にもあなたの強いエネルギーを、自分の感情の赴くままに、あなたが大切にしているものに向かわせなさい。

そのエネルギーのパワーは、あなたの行きたい方向に向かうことを助けるだろう。そして、あなたが会いたい人を惹きつけるのを助けるだろう。あなたのエネルギーが、いつも何に向かって進んでいるのか、何に時間を費やしているのかに気がつきなさい。

あなたが何かに向かう時、それは創り出される。それは、頑張るエネルギーでも、がむしゃらにやるものでもない。優雅にしなやかに羽ばたきながら、緩やかにそのエネルギーを大切なものに向け続けるだけでいいのだ。それは、努力が必要かもしれない。
時には、横道に逸れたくなることもあるかもしれない。

けれど、あなたのエネルギーは、今、あなたにとって大切なことを人生で成し遂げることが出来ることを望んでいるのだ。

あなたはエネルギーそのものである。それゆえに、自分のエネルギーの使い方に気づいている必要があるのだ。
（神奈川 一色海岸 鳥居前にて）

このページを開いたあなたへ　rumi からのメッセージ

鳳凰は、龍が進化したエネルギー体だと言い伝えられています。その美しく舞い上がる姿は、飛躍して輝いていくエネルギーを現しています。
あなたは、今、自分自身の魅力に自信を持ち、羽ばたいていける時が来たのです。自分のエネルギーを最大限に、自分の大切なもの、望むものに向けて行ってください。

あなたには、がむしゃらに努力して勝ち取っていく男性性のエネルギーではなく、しなやかに美しく、内なる女性性から、幸運やチャンスを惹きつけながら飛躍していける可能性があるのです。

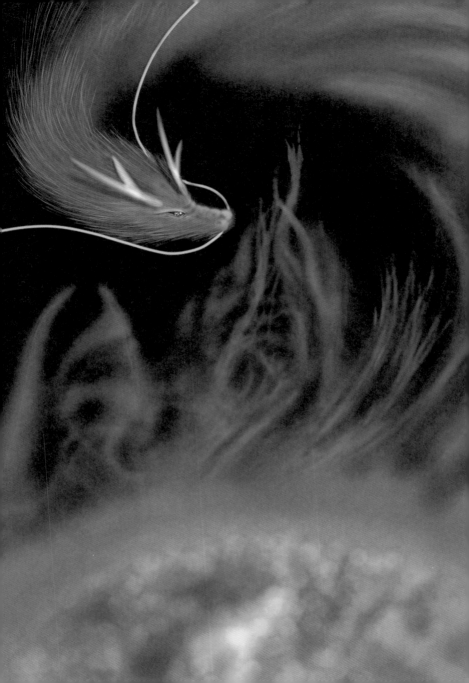

25 強烈さ

あなたの全身全霊をかけて、あなたの求めるものに熱中しなさい。

あなたの中には、熱いソースエネルギーが流れている。そのソースエネルギーと繋がって、トータルになりなさい。

今は安全を選んで留まっていたら、あなたの感覚は退屈で滞ってしまうだろう。あなたが眠るのも惜しんでやれること、トータルに熱中出来ることに、強烈に人生をかけてみなさい。

たった一度の人生を、あなたは本当に大切にしなければならない。

あなたが経験し尽くしたいことを、経験しなければならない。あなたの中にはマグマのように熱いエネルギーがあり、あなたに使われるのを待っている。

あなたの中にはあなたのソースの流れがあり、内なる導きがある。そのエネルギーに繋がるには、あなたのハートと繋がることだ。

あなたがハートから望むことや、熱望に向かっていくのだ。

ゆっくりと時間をとって、自分のハートを感じてみなさい。あなたのエネルギーはどこに向かいたがっているのだろう。

あなたはそのエネルギーを使い、何をしていきたいのだろう。

あなたの生に集中しなさい。

それは静かではなく、激しくあなたを突き動かす生々しいエネルギーだ。

その流れを止めてはいけない。

あなたが熱中するものに向かって、強烈さを爆発させる時が来たのだ。

（神奈川 一色海岸 鳥居前にて）

このページを開いたあなたへ rumi からのメッセージ

新たな挑戦や、人生を大きく動かしていく時期には、強烈なエネルギーが必要です。強烈なエネルギーを爆発させていく時には、周りにも大きな影響を与えるため、人目が気になることもあるでしょう。けれど、あなたは今、人からどう思われるのかを気に留めることなく、強烈に人生に挑戦していきなさい、と言われているのです。

ハートを開いて、純粋な熱意を持ち、動いていく時です。

熱く激しいエネルギーを注いでいく状況がやって来ているのです。

26 エネルギーと共に流れる

世界はとても広く、あなたが知らないことがたくさんある。
自分の国、自分の地域、自分の家庭だけの小さな考え方にとらわれるのをやめて、
多くの考え、多くの人々の思いや、広い世界を見てみなさい。

あなたはあまりにもとらわれすぎている。人が何かにとらわれる時、小さなツボの
中に入っている。

あなたはそのツボを割り、外の世界に飛び立つ時が来た。

あなたはもう小さな場所で、親鳥に餌をもらわないと生きられない雛鳥ではない。
あなたはもう飛び立てる。
大きな翼を広げ、大空に羽ばたく時が来たのだ。
あなたのエネルギーは自由で熱く、そして強い。

あなたが翼を広げれば、行けない場所などどこにもない。

あなたが大空に舞い上がれば、見えないものなど何もない。
あなたは羽ばたく時が来た。それは、慣れ親しんだ檻を出るような、怖さを感じる
かもしれない。未知なる場所へ行くのは、ドキドキするかもしれない。
けれど炎のように、周りを自分の光で照らし、進む時が来た。
あなたがいる場所はとても狭く、今のあなたのエネルギーにはもう合っていない。

あなたの翼は育ちきったのだ。

あなたのエネルギーで、あなたの行きたい場所に向かって、大きく翼を広げたなら、
あなたはイキイキとし始めるだろう。
そしてあなたのエネルギーは、さらに、さらに、輝きを増すだろう。
（神奈川 一色海岸 鳥居前にて）

このページを開いたあなたへ rumi からのメッセージ

新しい人生の流れや、あなたを導く方向に行くには、身体の力を抜き、リラックスしてそ
の流れを信頼する必要があります。

あなたは、鳥かごの檻がすでに開いているのに、飛び立たない鳥のように、現状に留まり
たいのかもしれませんが、広い世界へと飛び立つ時がやって来たのです。あなたの元にやっ
て来ている流れと共に、流れて行きましょう。

その流れは、あなたを今まで見たことがない世界へ連れて行ってくれる、素晴らしい流れ
なのです。

27 ソースエネルギー

あなたは源である。

自分自身と繋がりなさい。
そうすれば、あなたは自分が源であることに気がつくだろう。自分自身が源であると気づく時、あなたはすべてを創り出すことが出来る。

自分の持っている源のエネルギーを信頼しなさい。たとえ次々と起きる問題や争いがあったとしても、あなたには解決するパワーがある。外側をコントロールして現実を変えるのではなく、内側のソースエネルギーと繋がりなさい。目を閉じ、丹田のエネルギーに意識を向けて、自分の創り出したい現実にエネルギーを向けなさい。

あなたの内側にすべての答えがある。外側の影響を断ち切りなさい。

あなたが望むものと波動が一致した時、それは現実に現れる。その波動を創り出すために、内側と繋がりなさい。

本当の望みはなにか？ あなたが生きたい人生はどんな人生か？

自分の内側はすべての答えを知っている。今は現実に走り回る時ではなく、自分が源であり、すべてを創り出せると気づく時なのだ。
源と繋がるには、マインドの中にいてはいけない。

考えるのではなく感じるのだ。靴を脱ぎ、裸足で大地を歩いてみなさい。情報を断ち、頭ではなく身体にみなぎっているエネルギーに意識を向けてみなさい。
あなたの中に宇宙があり、あなたの中にすべてがある。内なるソースと繋がる時、不可能はすべて可能になる。あなたは創始出来る。あなたから創造が始まるのだ。

あなたの望みにエネルギーを向けなさい。
望むことは、すべてのエネルギーの始まりであり、宇宙の始まりなのだ。

（岐阜 弥勒寺にて）

このページを開いたあなたへ rumi からのメッセージ

あなたはソースエネルギーであり、源の存在です。
どんな現実を創り出していくのも、あなたの自由意志です。自分を幸せに出来るのは、自分でしかないのだとあなたが知ったなら、周りの人にとらわれることはないでしょう。あなたの人生は、すべてあなたにかかっています。あなたが自分の中にある、ソースエネルギーと繋がれば、宇宙と繋がることが出来るのです。

宇宙は無尽蔵の愛のエネルギーであり、あなたがソースエネルギーと繋がることで、宇宙のエネルギーがあなたに注がれ、あなたはどんな現実も創り出すことが出来るのです。あなたがソースエネルギーと繋がれば、出来ないこと、なれないものは一切ないのです。

28 新しい方向性

あなたが今ある場所から、新しい考えやインスピレーションを導きだし、次の道へ向かう時、物事は進み始める。

古い場所には、もう古い考えのとらわれしかなく、ワクワクするものは見つけられない。
あなたがワクワクするものへと向かいなさい。

子供のように新しいものを見つけて、好奇心に導かれてどんどん歩いていくように、新しい方向性には新鮮さがあり、イキイキとしたエネルギーがある。あなたのハートがワクワクする方に向かって進んで行きなさい。
人目や周りの意見も笑い飛ばし、あなたはただ子供のように、新しいインスピレーションに向かっていく時がやってきた。

人生は変化の連続なのだ。

そして、次々と来るチャレンジを楽しむことでもあるのだ。
人はみな、恐れにとらわれている。動く前に、新しい思いつきに、瞬間的なヴィジョンに生きる時、人は恐れにとらわれる。
上手くいくか、いかないか。損なのか、得なのか。リスクがあるか、ないか。

あなたが恐れにとらわれているうちは、新しいヴィジョンに向かうことは出来ない。そこには何の保障もなければ、経験もない。けれど、何もないからこそ、あなたはワクワクを感じることが出来るのだ。

新しいヴィジョンを楽しみなさい。新しいあなたを楽しみなさい。新しい方向はハートが知っている。

あなたが行きたい先には、新しい世界と新たな出会いが待っている。
（神奈川 森戸神社にて）

このページを開いたあなたへ　rumi からのメッセージ

今までのやり方や、古い考えから大きくシフト・チェンジし、新しい視点を取り入れてみると、新しい方向性が始まります。そのアイディアや方向性が、今のあなたには必要です。

少し勇気がいることかもしれませんが、新しい道をスタートさせてみましょう。それはきっとあなたにとって、助けとなったり、喜びをもたらしてくれる道なのです。

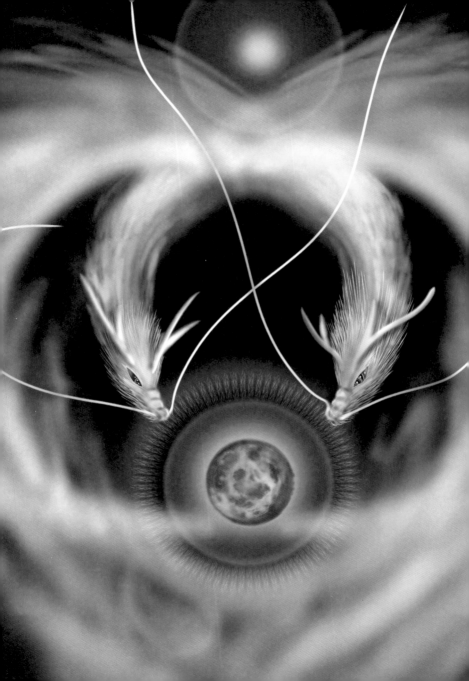

29 許しあう心

人はみな、不完全であり、間違いを起こすこともあれば、失敗することもある。
自分自身の不完全さを許すことが出来ないと、人は不寛容になる。

まず自分自身の不完全さを受容しなさい。自己否定が強いと、人を批判したり攻撃
したりしてしまう。まずは、あなた自身の心に許しを起こす時なのだ。人と比べた
り、自分のダメなところばかりを見つけていると、どんどん自信がなくなり、エネ
ルギーが弱くなる。そして人に優しくすることが出来なくなってしまう。

本来は楽しんで、自分の人生をクリエイションしていけるパワーを、あなたは持っている。

人生を楽しんでいないと、人は人を許せなくなる。

あなたの人生を楽しみ、歓喜に満ちるのだ。

そして、あなた自身に、まず慈悲と慈しみを与えていくのだ。自分の人生が喜びに
満ち溢れる時、人は人を許すことが出来る。
あなたが自分の人生を幸せにするために、動いていく時が来た。

相手もあなたと同じ痛みや悲しみを感じている、同じエネルギーを持った鏡なのだ
から。人に許しを起こす時、あなたは自分自身を許すことになる。なぜなら目の前
の相手の、許せないと抵抗を感じる部分は、実はあなたが無意識でその人の中にあ
る、許せていないあなたの一部を見ているからだ。

自分の不完全さを受容しなさい。
あなたは、どんなあなたであったとしても、宇宙で唯一無二の素晴らしい存在なのだ。

相手の不完全さを受容しなさい。目の前の人も、あなたと同じ宇宙で唯一無二の存
在なのだから。地球という大きなステージで、一緒のゲームに参加している同志な
のだ。（岐阜 付知峡 不動滝にて）

このページを開いたあなたへ　rumi からのメッセージ

許しとは、あなたの人生に光をもたらします。誰かを憎み続けることで、一番ダメージを
受けるのは、あなたなのです。
けれど、怒りや憤り悲しみは、あなたを守るための大切な感情でもあります。その感情に
フタをするのではなく、感情を感じきることで解放を起こすのです。

まず、どんな感情も感じることを許すことから始めましょう。感情を許し、受け入れた先
に本当の許しが起きるのです。自分自身を癒すために許しを起こし、怒りや悲しみを手放
しましょう。許すことは、何事からも自由になる選択なのです。

30 パートナーシップ

本当のパートナーシップとは、お互いに依存し合うのではなく、お互いの良いところを引き出し合うこと。

一緒にいることで、お互いに高め合うことが出来る時、それは真のパートナーシップとなる。相手を自分のために利用しようとしたり、自分だけが多く与えられようとしてはいけない。

自分の心と繋がり、自分で生きながらも、相手の心を感じ続けなさい。

紫の光は精神性を、赤い光は愛を表す。この二つが備わった時、パートナーシップは最大の力を発揮することが出来る。宇宙の中で唯一無二の存在になることが出来る。

相手に合わせすぎても上手くいかず、自分だけを優先しても上手くはいかない。自分の中の精神性と愛を高めた時、お互いを思いやるパートナーシップが生まれるのだ。エネルギーを出し合い、共に支え合うパートナーシップを創り上げていきなさい。

それはあなたの人生の最大の味方となる。何をするかということ以上に、誰とするのかが一番大切なことなのだ。

それは男女の愛かもしれない。それは家族の中、またはビジネスかもしれない。どんな形であっても、最高のパートナーシップとは、どちらが上でも、下でもいけない。

お互いを尊重し理解し合うには、まず自分の足で立ち、自らの人生を自分の足で歩いていくのだ。

それこそが真のパートナーシップとなる。それがたとえ、自分の子供であったとしても、相手を尊重しなさい。真のパートナーシップとは、相手のあるがままを受け入れることなのだ。
（岐阜 付知峡 不動滝にて）

このページを開いたあなたへ　rumi からのメッセージ

お互いにわかり合える最高のパートナーを持つことは、人生の時間を豊かにし、歓喜を与えてくれることです。

恋愛であったとしても、仕事や友達関係であったとしても、まずは、あなたが相手にとって最高のパートナーになることです。パートナーシップとは、出会ってからお互いを理解し、創り上げていくものです。依存関係からは、良いパートナーシップは生まれません。お互いを束縛したり、執着して相手を妨害しないためにも、自分が自分でありながら、支え合い高め合うパートナーシップを持ちましょう。

良きパートナーシップは、人生に最高の喜びを与えてくれます。

31 二つの魂

あなたは出会った、もうひとつの魂の片割れに。

そして新しい学びが始まり、新しい人生のステージが始まる。
あなたの愛が深まる時、そこにふたりの気づきが起きる。ふたりが出会うことでしか、感じられなかった感情や愛。

そして、ふたりが出会うことでしか、成し遂げることが出来ないミッションに向かう時が来た。

人生の魂の道を歩くために、天がふたりを出会わせた。

ふたりの愛が宝石のような美しい宝を生み出していくために、それぞれが自立し、助け合い支え合って、共に同じ目的に向かって進む時、天はすべてを用意する。
雨の日も風の日も共に進み続けるのだ。共に手を取り、再び魂がひとつに戻るその時まで、進め、進め。

ふたりの愛が周りを照らし、まだ愛を知らない人々を導くだろう。
あなたたちふたりの魂の輝きが、多くの人を覚醒に導く。そしてふたりの向かう先には、新しい人生のステージが待っている。それは過去世で成し遂げられなかったミッションかもしれない。お互いに叶わなかった思いかもしれない。

今こそ共に手を取り、成し遂げていく時が来た。ふたりの愛が深まれば深まるほど、多くの人を巻き込み、過去世で約束してきた同志たちを引きつける。
仲間たちと共に、この時代で成し遂げようとしてきた覚醒への道を歩き始めるのだ。

どんな時もあきらめてはいけない。どんな時も手を離してはいけない。

ふたりの愛が深まり、慈愛へと変容を遂げる時、ふたりの次元は上昇する。
それは地球全体の、次元上昇への貢献なのだ。
（岐阜 付知峡 不動滝にて）

このページを開いたあなたへ　rumiからのメッセージ

運命の出会いは、大きく人生を動かし、変容を起こします。
初めて会ったのに懐かしく感じたり、まるで偶然かのように何度も出会ったり、不思議な導きが起きた時は、ツインソウルに出会ったサインかもしれません。

あなたが過去世から約束していた相手と出会う時が訪れました。
ふたりが成し遂げようとしていたことは何でしょうか？
あなたの運命の扉は、出会いによって開かれました。それを祝福しましょう。

32 勝利

大きなうねり、大きなエネルギーが、あなたを勝利に導いている。

この道を進み続け、前進して行きなさい。大地のパワーと天のパワー、そしてあなたのエネルギーが統合し黄金を生み出す。
結果に自信を持ち、ポジティブな方向に向かっていることを信頼しなさい。

あなたは本当によくやっている。

強くあるために、守るために、導くために、いつも自分を励まし、勇気を持って進んできた。その姿を天は見ている。天とは神のことではなく、自分自身の中にある、高い次元の自己であるハイヤーセルフのことだ。あなたはどんなに恐れがある時も、決してハイヤーセルフの声を裏切らなかった。あなたは自分の誠実さを選んできた。

あなたは自分の道を行くことで、人々を導くことを選んできた。それは常識的ではないかもしれない。けれど、その勇気と生き方は称賛に値するのだ。

あなたが生み出す黄金の光は、あなたを、そして周りを勝利に導くだろう。

自分の勇気を称賛しなさい。あなたには、さらに多くの仲間が増えていくだろう。その仲間たちと勝利を祝い、祝杯をあげなさい。仲間たちと共に喜びを分かち合い、楽しみなさい。そのポジティブなエネルギーは、さらにパワーを生み出す。あなたは自分を成功させることで、その希望の光を人々に与える。

人生の勝利を受け取りなさい。

そして祝杯を存分に味わい尽くしたら、また次の新たなるチャレンジに向かうのだ。
（愛知 八大龍神社にて）

このページを開いたあなたへ　rumi からのメッセージ

運命はあなたを勝利へと導いています。そのポジティブなエネルギーの流れに乗り、前進しましょう。もし問題があったとしても、問題ではなく勝利に向かってエネルギーを注ぐのです。
物事は上手くいっています。あなたが今まで努力し、強い意志で進んできた恩恵としての勝利と称賛を受け取りましょう。あなたが今まで周りに与えてきたサポートや貢献が大きいからこそ、勝利はやって来るのです。ポジティブな方向に向かって、突き進む時なのです。

今は、勝利をお祝いしましょう。

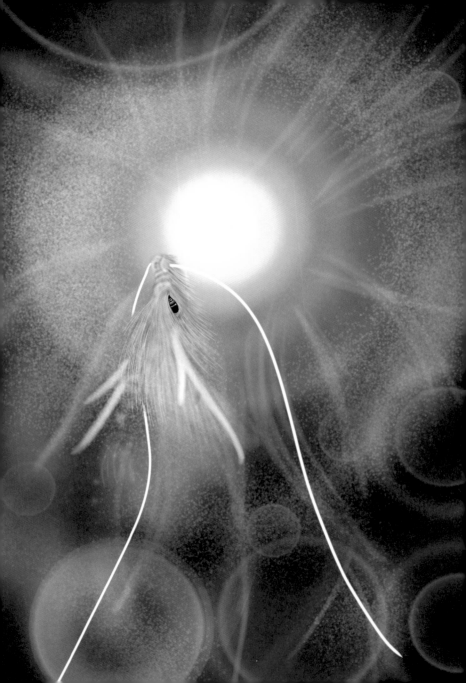

33 上昇気流

昇れ、空高く、さらに上昇気流に乗って。

あなたの魂の渇望のままに、求める道を昇れ。

下を向いていた心が上を向く時、太陽は昇り始める。

時は来た。

エネルギーを全開にし、魂の赴くままに、周りさえも巻き込んで、進め、進め、空高く。夢という志に向かって、昇れ、空高く。
そのエネルギーそのものが、あなたを上昇気流に打ち上げる。
光の方に向かって、人生というステージの上で、祝い、踊れ。

野生の力を呼び覚ましてゆけ。

あなたは勇敢な魂なのだ。
次元の上昇は、あなたの意識によって起きる。魂の成長は自然の摂理なのだ。
成長しない生き物はいない。成長を止めることは、自然の摂理に反している。

成長こそ生命の望みであり、宇宙の原理原則なのだ。

魂が成長を始めると、人生は急速に動き始める。成長が宇宙の望みだからだ。
あなたは今、留まる時ではない。
人生そのものに奮闘する時がやって来ているのだ。
勇気を持って力強く、上に向かって上昇するのだ。
自分の才能、自分の能力、自分の運の強さを見くびってはいけない。
あなたが決めた場所まで、あなたは昇り詰めることが出来るのだ。
（福岡 志賀海神社にて）

このページを開いたあなたへ　rumi からのメッセージ

人生が上昇していくには、勢いがいります。
それは一気に駆け上がるような、熱いエネルギーなのです。このメッセージが出たということは、次のステージに次元上昇する時が来たようです。

あなたが今まで思ってもみなかった世界へ昇って行くチャンスが来ているのです。何の努力もせず、現実が起こるに任せている時ではありません。自分の目指す場所に向かって奮闘し、昇って行きましょう。

それはビジネスや目標を達成するといった外側のことかもしれないし、内側の気づきかもしれません。いずれにせよ、次元がより高い領域へと変わろうとしているのです。

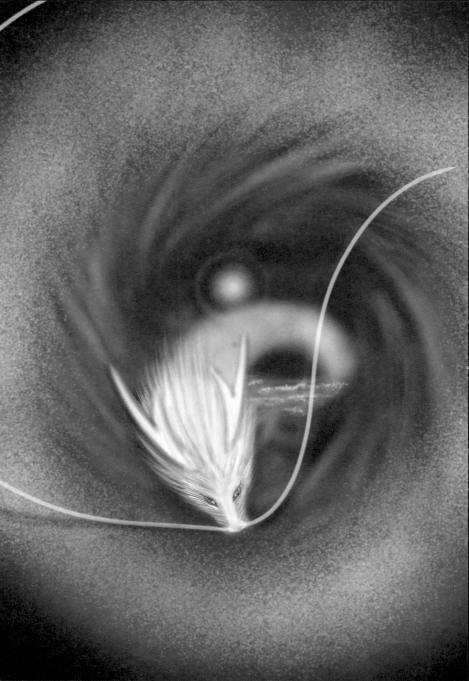

34 迷いなく進む

あなたは、今、迷いの中にいるのかもしれない。どちらに進むのが正しいのか、何をしたら良いのか迷い続けているのかもしれない。

迷うことに時間をかければかけるほど、あなたの迷いは深くなる。

どちらが正しいか迷い続けるのではなく、決めたことを最良のことにするのだ。あなたが決めたことを、天はサポートする。もし決めた道が間違っていたとしたら、急展開が起き、あなたは正しい道に戻される。今はもう迷いを終えて、苦しみの穴から抜け出す時なのだ。

その道に向かってぐんぐんと進んで行くと、あなたの人生は新しく展開し始める。自分を守り続けるのはもう終わりだ。

最大の防御とは、守り続けることではなく、決めて動き出すことだ。

あなたが迷いを抜け出すと、急に新しい視点とサポートが来るだろう。
迷い続ける時、直観は働かない。それは、過去に起きたことから、自分を守ろうとするマインドの世界だからだ。

本当の答えは、あなたの迷いや考えの中にはない。

それは、動いていく中でインスピレーションとして生まれてくるのだ。まずは一歩前に踏み出し、スピードを加速させなさい。迷いの渦を抜け出し、人生を前に進ませると、迷っていたことが嘘のように、クリアなエネルギーがやって来る。新しい道や新しい仕事、新しいヴィジョンがスタートし始める。

それが波動を上げ、物事を上手く展開させるエネルギーとなる。ひとつのことを選べば、ひとつのことは手放される。その手放したことに執着せず、脇目もふらず、一点に集中し向かいなさい。

あなたはそのエネルギーを愛し、慈しみ、携えていくのだ。
（神奈川 森戸神社にて）

このページを開いたあなたへ　rumi からのメッセージ

海面から一気に進む青龍のエネルギーは、迷いなく一点に集中して、ものすごいスピードで進んでいる様子を表しています。迷いを振り払い迅速に動くことは、物事を大きく急展開させていくことが出来ます。

あなたは、今、動かしたい物事があるのでしょうか？
あなたが予測していなかったことが、急展開で起きてくることもあるでしょう。
今は大きく人生が動く時なのです。その動きにエネルギーをチューニングしましょう。

35 天地人

天と繋がり、あなたの元にやって来たインスピレーションを地に降ろしなさい。

あなたの元に、天からの役割がやって来た。それは地球に生まれる前、あなたがやりたかった魂との約束なのだ。周りの目を恐れず、あなたの心の赴くままに、身体としっかりと繋がり、地に足を着け行動しなさい。天はあなたの動きをサポートするであろう。魂の声を聞き、自分の進みたい道に進むのだ。

天と心をひとつにし、インスピレーションを地に降ろしなさい。

自然の中に行き、あなたの身体と魂と共に自然を感じなさい。
天と地とあなたが繋がる時、あなたは導かれる。
その導きに、恐れず行動しなさい。
その創造を喜び、遊び、祝福しなさい。

あなたがその創造を楽しめば楽しむほど、天はあなたを応援する。それは、あなたが今まで思いつきもしなかったような領域にあなたを連れて行く。その創造を感じ、味わい、慈しみなさい。あなたが天と地と繋がれば、あなたは完全に"個"となる。あなたは誰からも影響を受けることなく、自立した"個"として存在する。

自分の足で立ち、自分で決断し、自分で歩く強さを持ち合わせた自立した存在として、あなたが自分を生きる時、天があなたをサポートするだろう。

天と繋がり、直観の声を聞きなさい。

大地のエネルギーにグラウンディングしなさい。天と地と人が繋がることが、すべてのカギとなるのだ。その時あなたは、自分が創造主であることに目覚め始めるだろう。天から次々とあなたの元に降りてくるメッセージに従い、その導きに身をゆだねるのだ。(愛知 大縣神社にて)

このページを開いたあなたへ　rumi からのメッセージ

天と地と人を表す言葉である天地人は、宇宙に存在する万物を表す壮大な意味があります。私たちのエネルギーは天(宇宙)と繋がることで、物事が上手くいくための直観を得ることが出来、地と繋がることで、グラウンディングし、現実をしっかりと捉え、動かしていくことが出来ます。天と地と人が繋がることは、とても大切で尊いことなのです。

あなたが今、しなければならない努力とは、天と地と繋がるための努力です。思考を手放して直観を受け取れるようにするため、瞑想の時間をとったり、裸足で自然の中を散歩して、アーシングしたりしてみましょう。

あなたが天と地と繋がれば、すべてから自立した強さを創り出すことが出来るのです。

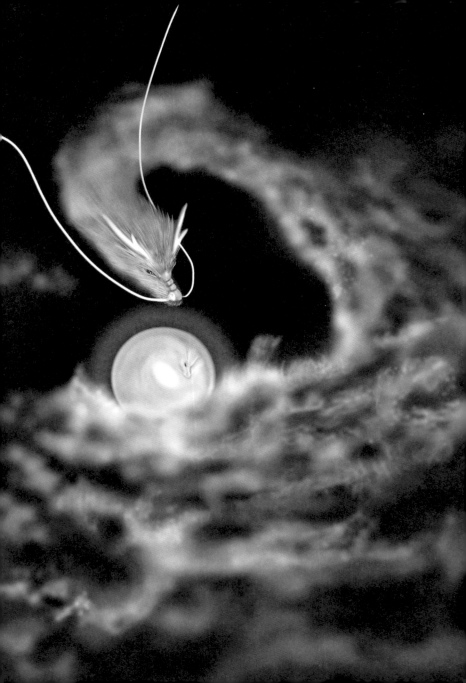

36 忍耐

母親のお腹の中で胎児が育つように、物事が育っていく時には、忍耐強さが必要だ。

やがて必ず生まれてくる日を、愛情をかけて待つ母親のように、それはゆっくりと育っている。

優しさと慈悲で、忍耐強くありなさい。

決してあきらめず、じっと忍耐強く待ち、育てることで、それはいつかあなたの元に生まれ落ちる。育み、慈しみ、忍耐強くありなさい。
ゆっくりと、それは育っている。あなたの元にそれはやって来る。忍耐強く待ち望みなさい。
愛情をかけ育てなさい。

あなたは急ぎたくなるかもしれない。現実が早く動かないことに、苛立ちを覚えるかもしれない。けれど今は、じっと育つのを待ち望みなさい。そうすることで、それは少しずつ形作られる。
そのための準備をし、ゆっくりと時が来るのを静かに見守るのだ。
種はまかれ、子宮の中で子供は成長し、少しずつ少しずつ、時が満ちるまで待っていることだけが求められている。

育てていくことは時間を要する。

その時を与え続けなさい。それは、退屈な時ではない。育てるということは、あなた自身の成長にとても重要であり、また有意義な時間でもあるのだ。
（岐阜 付知峡 不動滝にて）

このページを開いたあなたへ　rumiからのメッセージ

子供の龍を育てる母親龍の目は、慈愛に満ち忍耐強く、まさに生まれ落ちるその瞬間を待っています。人を育てたり、物事が育っていくのを待つのには、忍耐強さが必要です。

それは、急いで進んでいくことではないのです。育てている時間は、決して無駄な時間ではなく、ゆっくりと成長するのを待つための、大切な時です。
あなたの忍耐について気づきをもたらしましょう。

37 気づき

あなたは忙しすぎて、日々の生活に追われるうちに、この地球に来た本来の目的を忘れてしまった。
忙しい毎日から自分に時間を与え、ひとり大自然の中を歩いてみなさい。
そこには小鳥のさえずりや、川の流れる音、あなたの五感を研ぎ澄ますものがあるだろう。

あなたはこの地球で愛を分かち合い、目覚めるためにやって来た。

それには気づきが必要なのだ。人間的な意識の中だけにいると、あなたは元来た場所を忘れてしまう。
あなたは働くためだけに、この場所に降り立ったのではない。あなたは家族のためだけに生まれてきたのではない。

あなたのスピリットには目的があるのだ。

瞑想をし、内側を感じ、目覚めの時間を自分に与えるがいい。情報を断ち、思考を休ませ、自分の魂と対話する時間を持ちなさい。
それは神との対話なのだ。

あなたの愛を感じなさい。 あなたの気づきを感じなさい。

冷静な高い次元から、あなたの毎日を眺めてみなさい。あなたは心から笑っているのだろうか。あなたは心から楽しんでいるのだろうか。あなたは心からの情熱を持っているのだろうか。
あなたは何のために毎日を生きているのだろうか。
今、あなたにはスピリットの目覚めが必要だ。
スピリットと繋がる時間を持ちなさい。それはあなたへの最高の導きとなる。

あなたの魂からの衝動を見つけ出すのだ。

あなたの求めている道は、あなたが今いる場所の他にある。
（神奈川 森山神社 奇稲田姫命にて）

このページを開いたあなたへ rumiからのメッセージ

気づきとは突然の洞察です。人は目覚めると、今まで当たり前のようにしていたことが、突然にバカバカしいことに思えたり、自分を妨害していた古い習慣を手放せたり、自分を制限していたものから自由になれたりします。けれど、思考の中にいては、気づきを起こすことが出来ません。気づきを起こすには、思考を休息させる必要があるのです。

思考がいっぱいで気づきのない毎日が続いていると思ったら、ゆっくりと散歩したり、瞑想したりする時間を取り、気づきを起こすためのスペースを自分に与えてください。

38 客観性

空高く舞い上がり、広い視点から人生を眺めてみなさい。

地上にいた時には見えなかった世界が、冷静に見えてくる。
高い視点から物事を見た時、あなたは、本当はそれが自分が創り出した世界だと気づくだろう。

人間関係の問題や自分の可能性、すべてのことが高い視野から見ると、客観的に見えてくる。
創造の中に入っていると、あなたには狭い世界しか見えなくなる。
空高く舞い上がる時、あなたは美しい山脈、太陽と月、夏と冬、すべての景色が見えるだろう。それは大きな可能性であり、新しい道であり客観性だ。

小さな視野で物事を見てはいけない。今起きていることは物語の一部にすぎない。
あなたの物語は続いている。あなたが体験したい物語を、ここから創り直すことがいくらでも出来るのだ。

どんな登場人物と出会いたいのか、どんな場所に行きたいのか。

物語の主人公はあなただ。

あなたがすべてを創り出せるのだ。
あなたが望む物語を創り出すためには、高い次元を感じる必要がある。
高い視点に立った時、あなたの意図が見える。

あなたの人生に良い意図を持ちなさい。その時あなたは望む物語を生きることが出来る。

思考をクリアにし、客観的に自分の人生を見つめてみなさい。
そのシナリオを書くことが、あなたには出来るのだ。
（京都 廣隆寺 弥勒菩薩前にて）

このページを開いたあなたへ rumi からのメッセージ

冷静で理性のある判断は、人の人生を正しい方向に進ませることが出来ます。
けれど、時として冷静すぎる判断は、人の情に対して冷淡にもなりえます。
このメッセージが出た時、あなたはどちらに傾いているのか感じてみましょう。

そのどちらにしても、客観性を持つことはとても大切なことだと、あなたに教えてくれています。
客観性を持つことは、現実に巻き込まれずに高い視野から物事を見たり、可能性に気づくことを助けてくれるのです。

39 思考の制限

思考はとても巧妙に出来ている。あなたが直観で動き始めようとする時、突然思考がささやき出す。今は時期ではないかもしれないと。
あなたが新しいチャレンジに進もうとすると、突然思考がささやき出す。今はチャレンジすべきではないかもしれないと。

思考は " 今ここ " にはいない。

過去の体験や、まだ起きていない未来の出来事への予測から、思考があなたにささやく。それが本当のことかのように、思考があなたにささやく時、その考えを脇に寄せ、あなたの中の思考の制限を断ち切りなさい。

思考に勇敢に立ち向かう時、あなたは高次元から来る導きを受け取り、あなたの人生は前に進むことが出来る。
その導きは、以前あなたが願いをかけ、宇宙に放ったことへのサポートが、直観としてやって来ているものなのだ。

思考の制限は、あなたにチャレンジさせようとしない。思考の制限は、あなたを高みへと連れては行かない。失敗を恐れたり、リスクを怖がる時、あなたは制限のある思考のささやきを聞いているのだ。

あなたは直観や勇敢な気持ちに意識を向けなさい。

あなたには冒険する強さがある。
そして制限のある思考を断ち切る、 パワフルな魂を持っているのだ。

あなたの勇敢さは、多くの人々を励ますだろう。あなたの直観は、あなたが願いをかけた場所へと連れて行ってくれるだろう。

今は思考に耳を傾けてはならない。

なぜならチャレンジの先には、あなたを待っている場所が、宇宙から用意されているのだから。
（神奈川 森戸神社にて）

このページを開いたあなたへ　rumi からのメッセージ

今、あなたは、あまり人に寛容的になれないかもしれません。でもそれは、あなたの古い観念の思考パターンの中にある、自分を制限しているものだと気がつく時です。

他の人に批判的になったり、イライラしたりする時は、古い思考に基づいて自分を制限したり、我慢をしている場合があります。そんな時は、あなたの中に切り捨てる必要がある思考の概念が出来ている時なのだと気がつきましょう。

40 現実と向き合う

あなたの周りを見回してご覧なさい。あなたの現実をしっかり感じてみなさい。今、あなたは誰と暮らし、誰と語り合い、誰と共に生きているのか。

あなたは空想の中で、もし自分がこんな自分だったら、もしこんなふうに素敵な人が現れたら自分は幸せになれるかもしれない、などと思っているのかもしれない。けれど、あなたが今ある現実とまず向き合わない限り、あなたの現実を変えることは出来ない。

夢を見るのは素晴らしいことだ。望みを持つことも素晴らしいことだ。けれどそれは、空想と混同してはならない。

夢や望みはインスピレーションからやって来る、ワクワクする直観だ。しかし空想は現実と向き合えない人の逃げ道なのだ。

もし素敵な人が現れて、いつか自分をこの状況から連れ出してくれることを空想し続けていたら、それは現実逃避になる。

身近な人を理解したり、大切にすることからまず始めなさい。どんな人生を望んでいるかを見る前に、まず自分がどんな思いで毎日過ごしているかを知りなさい。自分に対して愛を与えていたら、あなたの周りには、愛を与えてくれる人がたくさんいるだろう。

もし愛を与えられていないと感じるならば、自分が自分に対し、愛を与えていないのだと気づきなさい。

いつか自分のやりたい仕事で成功出来る日が来ると空想し、動けずにいるのなら、あなたは自分自身を見くびることをやめ、自分の能力や才能をもっと世の中へシェアリングしていきなさい。
あなたはどんな思いで過ごし、誰にどんなことを与えているか。あなたがあなたでいる、そのままの自分を明らかに見てみなさい。

自分のあるがままを感じてみることが、自分の人生を変容させるカギなのだ。
（神奈川 一色海岸 鳥居前にて）

このページを開いたあなたへ rumiからのメッセージ

夢を見ることや、ワクワクした将来を思い描くことは素敵なことです。けれど地に足を着け、自分の目の前の現実を受け入れていないと、インスピレーションが来ても空想で終わっていきます。このメッセージが出る時、今あなたの現実に、向き合わないといけないことがきっとあるでしょう。自分が将来思い描いた場所に行くためには、現実をリアルに見て、向き合っていくことが必要な時があるのです。
未来は"今ここ"の連続なのです。

41 決断

決めるということは、時に多くの勇気を必要とする。

なぜならば、決めることで失うものもあるからだ。
けれど、勇気を持って決断することにより、その時失ったもの以上のものが、あなたにもたらされていく。

それは、灰色だった迷いの思考から、一瞬にして変容し、虹のエネルギーのように色とりどりの世界が見えてくる。迷いの時間をいかに短くするかで、あなたの人生の彩りが変わっていく。

決めないことで得ていたあなたの安全性は、決めることにより失われるように感じるかもしれない。けれど、実はあなたの人生は、決断することによってのみ、鮮やかで彩りある道を進むことが出来る。

最良の道、正しい道を探し、迷い続けるのはもうやめる時が来た。

決めたことが、あなたにとって最良の道なのだから。

自分のハートを信頼し、決断するのだ。

その先に続く道には、あなたにとって最高の出来事が待っている。決断することから逃げ続ければ、あなたの現実は停滞したままになる。ひとたびあなたが決断すれば、自らの力で未来を切り拓いていける。

"決める"ということは、あなたに最強のパワーをもたらし、あなたを最強の創造主にする。

決断とは、自らの人生に責任を持つことだ。
他の誰でもない、あなたの人生をあなたの望み通りに創り出していくためには、決断が必要なのだ。
（京都 鞍馬山にて）

このページを開いたあなたへ　rumiからのメッセージ

どんな物事だとしても、決めることには勇気がいります。
それが将来を左右するような大きなことだったり、決断に伴う自己責任が大きくなればなるほど、決断するまでに時間がかかるのは当然のことです。ですが、実は正しい道を探し、決断することを先延ばしにすればするほど、あなたの力が発揮出来なくなるのです。

最良で正しい道はどちらなのか、迷い続けることは得策ではありません。決めたことを最良にするという決断が、創造主の力を最大にし、望む未来を自分の力で切り拓いていくパワーになるのです。もし迷い続けていることがあるとしたら、今まさに決断する時なのです。

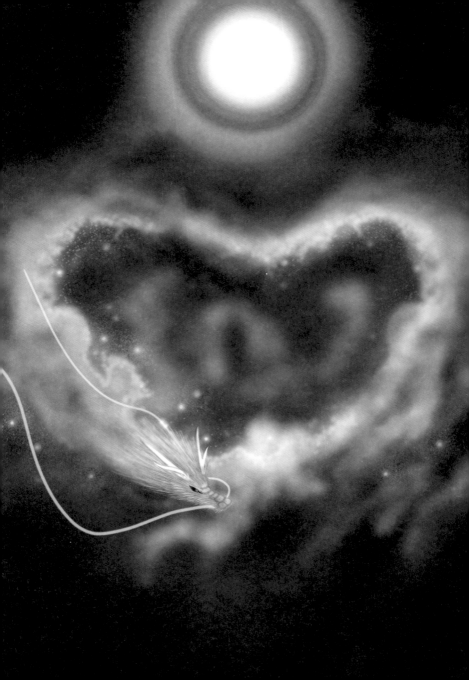

42 愛そのものである

あなたの中にある愛を、ただただ満ち溢れさせなさい。

あなたの心の中にある慈悲を、ただただそこに現しなさい。感じる心だけが、あなたを真のあなたに導いていく。

人が自分自身を愛する時、地球とひとつになる。

龍はあなたにそっと寄り添っている。あなたがあなたの愛に気づけるように。
愛はただただそこにある。
過去にどんなことがあろうとも、自分を責め傷つけるのをやめた時、あなたの愛は内から湧き出る。

胸に手を当て、ハートの扉を開きなさい。あなたの愛はそこにある。今、生きていることに感謝し、この世に生まれた喜びを感じなさい。
ただリラックスし、平安と安らぎを感じてみなさい。
人が自分を愛する時、あなたは愛そのものの波動となる。その愛の波動が周りを優しく包み込み、エネルギーが愛の渦となる。

この地球では、同じ波動のもの同士が惹かれ合う。
あなたが罪悪感を抱えていれば、人から責められることが起きるだろう。あなたが喜びに満ち溢れていれば、さらに喜びに満ち溢れることが起きるだろう。あなたが自分の存在に感謝していれば、周りの人々から感謝されるだろう。あなたが自分を愛するならば、あなたの世界は平和で満たされるだろう。

あなたの本質は愛であり、宇宙を満たすエネルギーと同じものなのだ。

あなたのハートが宇宙エネルギーと同調する時、あなたは愛そのものになる。
（京都 鞍馬山にて）

このページを開いたあなたへ　rumi からのメッセージ

思考で物事を考え続けていると、自分を責めたり、先のことを心配しすぎて、今起きていないことを次々と思いついたりすることがあります。
思考を休息させて考え続けることをやめると、ハートのエネルギーが戻ってきます。もしあなたが何か問題に直面していることがあったとしても、まず思考を休息させてみましょう。

内側の平安と繋がることが出来ると、物事は上手くいくのです。

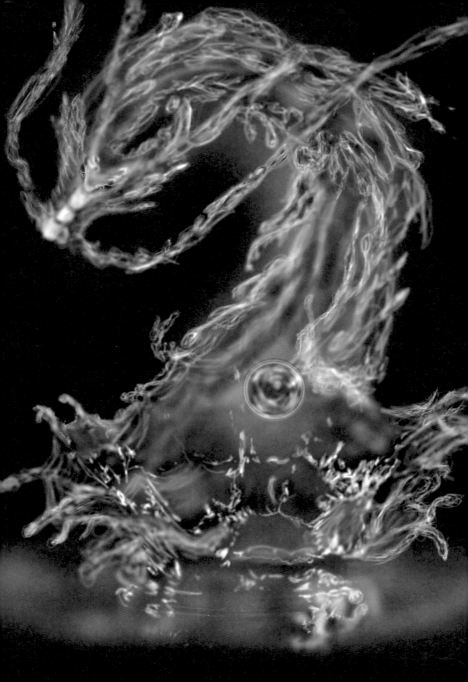

43 流されなかった涙

人生の中で、抑圧され流されなかった涙は、どこかへ消えていくことはない。
あなたは子供の頃、男の子は泣いてはいけない、女の子は我慢しなさいと、教えられてきたかもしれない。それとも自分が悲しむことで、大切な人を悲しませることを恐れていたかもしれない。

けれど痛みや悲しみは、時に大切なことを教えてくれる。

自分を大切にすること、自分の本心や人を理解すること、そしてそれらを深く体験していくことで、あなたのハートに慈悲が生まれる。

そして、あなたと同じように苦しんだことがある人に対して、慈しみを感じるようになるだろう。
今はただ、痛みや悲しみがあることに気がついていなさい。
流されなかった涙を流してあげなさい。あなたが流した涙だけが、凍りついたハートを溶かすのだ。

涙が頬を伝うのを、無防備になり許しなさい。

それはこの上もない癒しの時間だ。
そしてそれが、自分や人に慈しみを流すことへと繋がっていく。
その涙がいつか人に慈悲を与えるだろう。その悲しみがいつか人を癒すだろう。

涙を流すことは、時として自分が弱くなったように感じるかもしれない。けれど、自分の中にある、痛みや悲しみを認めることは勇気が必要であり、強くなければそれらを感じることは出来ない。そして、その悲しみから抜け出した時、あなたはさらに愛情深くなる。小さきものや力のないものにも、あなたは慈悲を与えるだろう。

ただただ今は泣きなさい。

ハートの奥にある、ずっとしまっておいた柔らかな部分を感じて。
（神奈川 森山神社 奇稲田姫命にて）

このページを開いたあなたへ　rumi からのメッセージ

不本意な状況や失意の時、心の中にある痛みや悲しみを受け入れ、涙を流すことで癒しは起きます。そしてこのメッセージが出た時には、流されなかった涙が溜まっているのでしょう。あなたの心の痛みに気がついてあげられるのは、あなたしかいません。自分を優しく抱きしめ、涙が流れるに任せましょう。痛みや悲しみを感じきったら、悲しみは静かに通り過ぎます。

痛みや悲しみを感じられる人は、喜びや幸福も深く感じられるようになるのです。

44 静けさ

心静かに静寂の時を持ちなさい。

今はゆっくりと休息し、自分の体を労る時。
忙しすぎる毎日の中では、情報を断つことや、自然の中で目を閉じ、風を感じることが必要だ。

人間の生命体はエネルギーで出来ている。
エネルギーには休息が必要なのだ。体を優しく抱きしめたり、あなたの心の声を聴き、ゆっくりとした時間の流れを感じる時、あなたの行く道を直観が教えてくれる。
今は急ぐ時ではなく、立ち止まり、内側の流れを感じなさい。

あなたの生命の鼓動に耳を傾けなさい。

ゆったりとお風呂に浸かり、散歩をし、静寂の癒しに身を投じなさい。
するとあなたは癒される……。不安から自分を忙しくしていないか気がついていなさい。静かな瞑想の時が、あなたの人生を再びイキイキとしたものにしていくまで、ゆったりとしなさい。

目を閉じ、内側を感じなさい。あなたにパワーが戻り、本当に望むものと繋がって、動き出したいという気持ちが湧き上がり、この地球上で創造を楽しみ遊びたいと思うまで、静かに休息を取りなさい。

あなたは今、人生を急ぎすぎている。あなたが走り回っているのはどうしてだろう。
あなたはすべきことがたくさんあるのだと、思い込んでいるだけかもしれない。
けれど本来の創造的な人生とは、すべきことや、行かなければならない場所など、どこにもない。

ただあなたが望むことをし、行きたい場所に行けばいいのだ。

あなたがどうしたら良いのかも、静寂と繋がれば、直観がすべて教えてくれる。
ただ静かに内側と繋がりなさい。サイレンスの休息が、今あなたにはとても必要なのだ。（京都 廣隆寺 弥勒菩薩前にて）

このページを開いたあなたへ　rumi からのメッセージ

毎日がルーティーンのように忙しく動き続けてしまう時、私たちは直観と繋がることが出来なくなり、思考に翻弄されます。休息は人生を楽しむための、とても大切なエッセンスです。体を休めたり、瞑想で思考を休めるなど、充分な休息を取り、心身共に回復することで、再び直観と繋がることが出来るのです。忙しすぎる時に、このメッセージが出た時は、休息することでパワーを回復することが必要です。

また、問題に直面している時に、このメッセージが出た時は、瞑想して静寂の中で思考を休息させることで、再び物事が上手くいき始めるでしょう。

45 敗北の中の勇気

人生の中には荒波がやって来る時がある。
他者との人間関係、病気や自然災害、ありとあらゆる困難を、あなたは経験したことがあるだろう。

どんな時があったとしても、あなたは決してひとりではない。

今日は人生に敗北したと感じる出来事があったとしても、次の日には、それが変容するチャンスがやって来るだろう。

あなたには内なるパワーがあり、どんな困難があろうとも、それを乗り越えて行けるのだ。
失敗したり、人と争ったり、ありとあらゆる困難を感じる時、人は落胆する。
けれど、落胆の中に留まり続けてはならない。

あなたの周りには、あなたを支えてくれる人が必ずいる。

困難を感じた時は、周りに助けを求めなさい。そして困難を抱える人がいたなら、今度はあなたが手を差し伸べなさい。
相手も、そして自分自身も、困難を乗り越えることが出来ると信じるのだ。

あなたは決してひとりではない。

人は助け合うことで、ひとりでは乗り越えられない壁も、乗り越えることが出来る。
人に迷惑をかけることを恐れてはいけない。あなたのエネルギーを孤独ではなく、支え合う方に向けるのだ。

すると、敗北や失敗は、人の有り難みや感謝を感じる経験となる。
そこからあなたは学ぶだろう。人生のありとあらゆる感情を。
そして、困難を一度も経験しない人は、誰ひとりとしていないのだ。
（神奈川 一色海岸 鳥居前にて）

このページを開いたあなたへ　rumi からのメッセージ

人生の中で敗北感を抱くような、失敗や落胆に直面する時があります。
それは主に、人との関係性での争いごとだったり、願っていたことが上手くいかなかった時にも、それは起きるでしょう。
落胆があると、この二頭の龍のように、どこか閉じ込められたような、出口のない感覚に陥るかもしれません。

けれど失敗を受け入れて、それはエゴの一部分の落胆にすぎないと気づく時、また新しい流れはやって来ます。混沌とした中にも、二頭の龍の間には光が見えます。その光の導きのように、高次の流れはいつもあなたのそばにあるということに気がつけたなら、思考を越えたところにある新しい道が開かれます。

46 冒険

大きな滝の流れのように、躍動感のある人生を生きなさい。

たとえそれがどんな道であろうとも、立ちはだかる何かがあろうと、恐れを知らない小さな子供のように、その流れに飛び込んで行きなさい。

人生という未知なる冒険の旅に出なさい。あなたの創造を楽しみなさい。

あなたはもう随分今の状況の中で、動かずにじっとしていたかもしれない。
けれどあなたは、今ある場所から飛び出していかなければならない。
あなたはあなたの人生を選び、楽しみながら走り抜けるために、この地球にやって来たのだから。

高い次元から来る高次の直観に従って、あなたは冒険の旅に出るのだ。

高い山の頂を目指して、あなたは登るのだ。
あなたには体験したい経験がある。その経験が、山の頂上に待っている。
たとえ空が曇っていようと、必ず太陽は輝き、あなたの道を指し示す。
あなたが進めば、未知なる素晴らしい創造があなたを待っている。
まだ体験したことのない数々の冒険が、あなたのスピリットを待っている。

冒険心に満ち溢れている時、私たちは子供のようになる。
子供は恐れを知らず、興味のあるものに後先考えず走っていく。
恐れのために、保障や安全性を求めることもない。ただそこには、ワクワクした無垢な感覚だけがある。
あなたは、どんな冒険をしたいのか、魂が何を望んでいるのかを感じてみなさい。

冒険への新しい道とは、あなたのスピリットを最高に拡大させる祝福なのだ。

（神奈川 一色海岸 鳥居前にて）

このページを開いたあなたへ　rumi からのメッセージ

人生とは、瞬間瞬間が、まだ見ぬ未知の世界への冒険です。それは、何の保障もなければ、安全性もありません。しかし、バンジージャンプのように、ひとたび飛び込んでいく覚悟をしたら、それはワクワクする最高の爽快感を経験出来るのです。
新しい未知なる旅は、魂の器を広げてくれます。子供のような好奇心を持ち、勇気を出して飛び出しましょう。その経験は、あなたの人生を輝かせてくれます。好奇心を満たすことは、自分の本当の望みを満たすことなのです。何かの利益や達成のために行動すること以上に、好奇心のために行動することは、あなたを至福へと導くパスポートとなります。
未知への恐怖がなくなるまで待つのではなく、恐怖があっても飛ぶのです。その先に待つのは、まったく新しい自分との出会いなのです。

47 裏切り

他者を裏切ることは、自分を裏切ることに繋がる。

自分を信頼せず、他者を信頼せず、傷つけてはいないだろうか。自分だけの利益を考えて行動すれば、いつか他の誰かから裏切られることを経験するだろう。

裏切りの行為は、自分の気がつかない無意識で、自分を傷つける。

そして、罪悪感を持つようになる。そのことに気づけないと、あなたにそれを気づかせるため、他人があなたの元にやって来て、あなたのしたことをそのまま演じて見せてくる。その相手の姿は、実は自分が許せていないあなた自身の姿なのだ。自分の中の見えていない側面が、外側に現れているだけだということに気がつけたなら、その相手は役割を終えていなくなる。

あなたは、あなた自身を裏切ってはならない。

他者を利用しようとすることは、あなた自身のハイヤーセルフを裏切る行為だ。他者を強く批判したり、人に対して怒りが湧くのは、あなたがその人を利用して、利益を得ようとしているからかもしれない。他者の力をあてにせず、本来の自分のエネルギーを取り戻しなさい。あなたは自分の源から、欲しいものを創り出すことが出来る。たとえ他者が、あなたより成功したとしても、あなたが手にした成功は奪われはしない。

自分の正直さや誠実さを大切にしなさい。

他者を尊んだ分だけ、あなたが周りから尊ばれる存在となるのだ。
他者をうらやんだり、あざむいてまで、欲しいものとは何であろうか?
もしも他者があなたの欲しいものを手に入れたならば、嫉妬し奪い合わずとも、共に喜べばよい。なぜなら、あなたはあなた自身のパワーで、望む現実をすべて創り出せるのだから。(神奈川 森山神社 奇稲田姫命にて)

このページを開いたあなたへ rumi からのメッセージ

どんな人の中にも、偽る心があるものです。このメッセージが出た時には、自分が自分自身を、あるいは他者を偽っている心がないかを見てみましょう。それは、あなた自身ではなく、あなたの心のある一部分が、不安や恐れの気持ちから、誠実さを失っているのかもしれません。本来のあなたは、他者の幸せを共に喜び合える存在です。そして、源の存在であるあなたの願いは、他者と幸せを分かち合うことなのです。嫉妬心から、他の人を妨害していたり、幸せを願えない時には、自分の中の不安や恐れ、自信のなさに気づく必要があるのです。自由にしている人に嫉妬があるとしたら、自由を我慢しているのかもしれません。信頼してくれる人を裏切ってしまう時は、何か欲しいものを得ることに必死になり、劣等感を満たそうとしているのかもしれません。どちらにしても、それは本来のあなたではないのです。私たちは本来、源の存在、ソースエネルギーなのですから。

48 混乱から抜け出す

あなたは今、迷いという霧の中に立ちすくんでいるのかもしれない。
どちらに行くのが正しいのかと、ずっと考え続けているのかもしれない。

しかし、どんな道であれ、ひとたびあなたが選び進み始めると、道は切り開かれていく。

自分自身を信頼し、あなたが直観に従い、インスピレーションを感じた方向に進んで行けば、すべては上手くいく。

どちらが自分にとって最良の道なのか、迷って動けないでいるうちは、何も見えて来ず、人生は停滞していく。
どんなに混乱があろうとも、まずは一歩進んでみることが大切なのだ。

選んだ道を最良にする力があなたにはある。

混乱していることを見ないようにしてはいけない。混乱している時に、頭で何かをわかろうとしても、進み続けていかなければ、本当の理解は起きない。
混乱している苦しさから逃れようと、誰かに答えを求めたとしても、あなたが動き出さなければ、混乱から抜け出すことは出来ない。

わからないという状況を受け入れ、わからないまま動き出すのだ。その一歩から、あなたは自分のエネルギーを感じ始めるだろう。
どんな時にエネルギーが下がり、どんな時にエネルギーが上がるのかを。

束縛されて動けない感覚とは、自分の心の中にあるとらわれなのだ。とらわれから抜け出し、混乱を手放すために、わからないということをまず許すのだ。
あなたが動き出さない限り、その行く末はわからないのだから。
（京都 廣隆寺 弥勒菩薩前にて）

■ このページを開いたあなたへ　rumi からのメッセージ ▶

何が起きているのかわからない、どうしていいのかわからないと言うのは、居心地が悪い状態です。
何を手放し、何を選び取っていくのか、混乱状態からは答えを出すことが出来ません。
ただ混乱していることを許し、受け入れながら、一歩ずつ動いてみましょう。

束縛や停滞を抜け出していくには、混乱した状態を受け入れ、まずは踏み出してみることです。正しい道やはっきりした答えがわからなかったとしても、行動の先には、必ず答えが見えてくるのです。

49 自己否定

自分を責めること、罪悪感を抱くことは、自分のエネルギーを弱らせてしまう。

自分を責めることは、自分をひとりぼっちにしてしまうことなのだ。

もし、誰もそばにいてくれないとしても、あなたは、あなた自身の味方でいなければならない。

なぜなら、あなたは世界中でたったひとりの尊いあなただからだ。
そして、罪悪感とは不必要な感情だ。あなたは過去に戻ることは出来ないし、その時は、そうすることしか出来なかったのだから。
過去を変えることは出来ない。唯一出来るのは、同じ過ちを繰り返さないと誓うことだけだ。けれど人はみな不完全であり失敗のない人間などいない。恐れや怒りの気持ちが本能として備わっている限り、人は過ちを避けることは出来ない。だから失敗を恐れてはいけない。本当に恐れるべきものは、自分で自分を痛め続けることだ。

あなたの中に神が存在し、あなたの中に神聖さがある。

自分を痛めつけることは、その神聖さを冒瀆していることなのだ。あなたは自分の魂の純粋さに気がつかなければならない。自分自身を責め続けることは、自分の中に閉じこもるのと一緒だ。自分のここがいけない、間違っていると、自己否定し続けている時、あなたは誰のことも考えられず、誰とも愛を分かち合うことは出来ない。周りとのエネルギーの循環がおきないと、あなたはさらに孤独になっていく。それは、自分の魂に背く行為となる。

あなたは自分を責めてはならない。

それはあなたの神聖さを汚すことになるのだから。(神奈川 森山神社 奇稲田姫命にて)

このページを開いたあなたへ　rumi からのメッセージ

自己を否定することは、自分への冒瀆や妨害です。時には、本当に向き合うべき必要のあることを避けるため、自分を責め続けることにすり替えている場合もあります。
人間はみな不完全。だからこそ愛しくもあり、美しくもあります。自分や他者の悪いと感じる部分を責め続けていくのをやめましょう。
様々な感情は、たとえどんなネガティブな感情であっても、感じることは大切なことです。しかし、罪悪感は、人間の中で唯一不必要な感情と言われています。自分を責めることでは、何の解決にもならないのはもちろんですが、実はそのことが、他者から責められるという現実を外側に創り出すことに繋がっているからなのです。
罪悪感を手放し、自分の尊さ、素晴らしさにフォーカスすることで、外側の世界も変わっていきます。何があっても、世界でたったひとりの尊い自分の味方はあなた自身なのです。

50 覚醒

目覚めよ。あなたの人生に気づきをもたらしなさい。

長い間、あなたは眠りについていた。その方が安全でいられると信じていたからだ。ずっと気づかないようにしてきた自分の中の妥協や、避けてきた問題、向き合って来なかったパートナーシップ。ずっとやめたいと思ってきたことや、何かしらあなたの人生の中に目覚めを起こす必要があることがあるはずだ。

本当の自分を生き、魂の道を歩きたいのであれば、目覚めるのだ。

あなたが目覚めを起こすなら、その道を龍はサポートする。
あなたが魂の道を生きられるように、すべてを導くであろう。

心の奥深くに眠り続けてきた真の望み、真の感情、真の痛み、真の喜びに気づきなさい。

あなたはもう目覚める準備が出来ている。そして龍にも、あなたの目覚めをサポートする準備がある。恐れを超えて、本当の幸せへとあなたを導く目覚めの道に、一歩踏み出す時が来た。
それは勇気がいるだろう。人の期待には応えられないだろう。けれどもあなたはもう導かれているのだ。目覚めていないフリをするのは苦しいものだ。何事もなかったように、フタをし続ければ、あなたは自分に嘘をつき、生きて行くことになる。

偽りの道に真実はない。

地球に生まれ体験したかったことを、思い出す時が来たのだ。
あなたが目覚めなければ、本当のあなたの目的を生きられない。
魂は望みを創造するために生まれてきた。
あなたは創造主であり、すべての望みを叶えられるパワーを自らが持っていると気づくならば、人をコントロールして望みを叶えようとすることもなくなるだろう。

自分が創造主であり、すべてを選択する自由が自分の手の中にあると気づく時が来たのだ。
（岐阜 付知峡 不動滝にて）

このページを開いたあなたへ rumi からのメッセージ

このメッセージがあなたの人生に表れる時、あなたの魂は覚醒を望んでいます。
より本来の自分になり、魂の道に目覚めたいのです。それは、始まりのための終わりです。
安全のために偽っていた自分の側面を、手放す時が来たのです。それは勇気のいることでしょうが、魂の道を生きる時、ハイヤーセルフがあなたを全力で応援します。
本当のあなたは、すべてを創り出せる存在。たとえ何かを失ったとしても、何も怖くはないのです。魂の道は、最高の人生の始まりなのです。

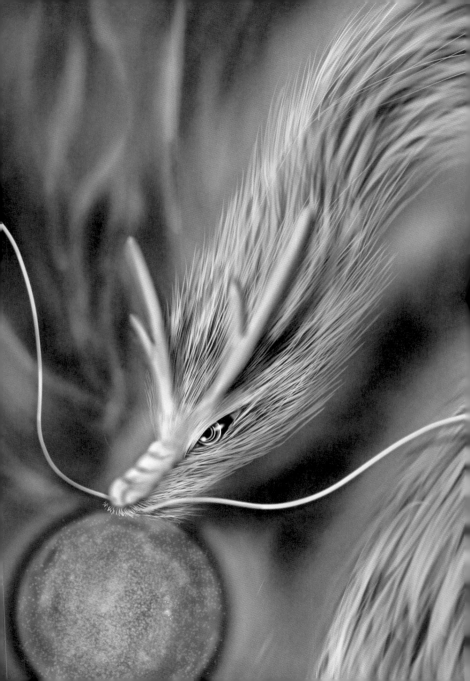

51 ハートを分かち合う

感情を感じていくことは、とても大切な羅針盤になる。

あなたの感情は何を感じているのか。不安や恐れを感じている時も、喜びや楽しさを感じている時も、それを感じることを許す時、感情はあなたの導き手となる。どの感情も大切に感じて、それを周りに分かち合い、伝えていきなさい。

あなたの言葉が表現される時、それは初めて彩りをもつ。
あなたが感情を分かち合う時、癒しは起き、そして現実は動き始める。

あなたの感情を感じることを許しなさい。

感情とは、人にもたらされた大切なエネルギーであり、感じることによってのみ、人は感情を解放出来る。自分の中で留まり続けているものを感じていき、そして表現しなさい。

感情は表現されることを待っている。
それは魂から望んでいることかもしれないし、あなたがずっと言えなかったことかもしれない。それとも、思いを言葉にし、書き綴ることかもしれない。
あなたが自分の中にある感情や思いを感じていくことで、あなたが表現していきたいことが何なのかわかるだろう。そして、感情を感じることは、あなたを真の願望へと導くだろう。

あなたの感情は感じられることを待っている。

あなたの中にたくさんの表現がある。
それを、人々と分かち合いなさい。
言葉とは、人間にのみ与えられた、最高の人生を創造するためのツールなのだ。
(岐阜 永保寺にて)

このページを開いたあなたへ　rumi からのメッセージ

感情を表す水を司る青龍のエネルギーが、ハートからコミュニケーションし、分かち合っていくことを促しています。

このメッセージが出た時のあなたは、感情を抱いても、周りに本音を伝えていないのかもしれません。それとも、自分の感情を表現してはいけないと思っているのかもしれません。いずれにせよ、人前で話したり、自分の本音を周りにさらけ出すなど、場面は様々でしょうが、自分を表現していく時が来ているのです。

52 内なる流れ

あなたの元にやって来る、内なる流れと繋がりなさい。

それはあなたを上流へと導く。あなたの中にある内なる女性性と繋がる時、内側での流れを感じることが出来る。自分自身の傷つきやすさと共にありなさい。

あなたの傷つきやすさ繊細さが、あなたの優しさであり良いところだ。自分自身を強く見せようとせず、本当は何を感じているのか、少しゆっくりと、休息を取る必要があるのかもしれない。あなたは今、忙しすぎて、内なる流れと繋がれていないのかもしれない。

目を閉じて、自分の内側を感じてみなさい。

すると、あなたは内側の声を聴くことが出来るだろう。傷つきやすさから自分を守るため、人前で強がっているのかもしれない。自分の内側を感じなさい。あなたの流れはそこにある。

人は自分の傷つきやすさや繊細さを許さないと、自分にも人にも厳しくなる。
誰もが、ガラスのように繊細な部分を持っている。それを受け入れることで、人に慈愛を与えることが出来、共感することが出来るのだ。

ハートに手を当てて、その鼓動に寄り添ってみなさい。

それは内なる流れだ。あなたが内なる流れと繋がる時、あなたは自分の傷つきやすさを感じるだろう。
けれど、その繊細さは大切な感覚なのだ。繊細さがないと、人は冷酷になる。
繊細さがないと、人は美しいものを創り出せない。繊細さとは感じる力なのだ。
（岐阜 付知峡 不動滝にて）

このページを開いたあなたへ　rumi からのメッセージ

優しさは時に繊細さや傷つきやすさにもなります。けれどそれは、感受性が豊かということでもあるのです。男性でも女性でも、内なる女性性の流れの中に感じる能力があるため、それを閉ざして感じないようにしてしまう時があります。

けれど感じる力は、自分の感情や相手の気持ちを思いやり、共感する能力でもあります。たとえそれが傷つきやすさであったとしても、感じることを許していきましょう。
また、共感しすぎても、依存的になったり犠牲的になったりするので注意が必要です。

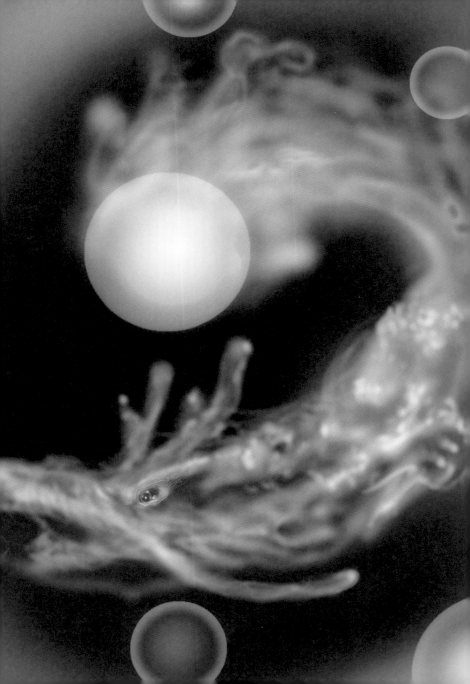

53 夢や希望に向かう

あなたの中に芽生えたばかりの、小さな願望にエネルギーを向けなさい。

それは多くの可能性を秘めている。
まだ形になる前の小さな小さなささやきだったとしても、そのエネルギーはそこにある。

あなたの願望に気がついて、それに向かって進み始めなさい。

夢があなたに微笑む日まで、その願望が達成されることを、信じることが出来ないかもしれない。
けれど、あなたが意識を向け始めると、その願望は叶い始める。大海に向かって流れる川の水のように、そのエネルギーを流し続けなさい。

好奇心いっぱいの子供のように、あなたは一歩ずつ、夢に向かって歩み始める。そうすると、内側から途方もないエネルギーが湧き上がってくるだろう。

そのエネルギーの流れに乗って行きなさい。夢を描き、そこにワクワクしなさい。その波動が夢を引き寄せる。あなたが願望に向かい進んで行くことで、夢にエネルギーを与えることが出来る。

あなたの憧れや希望に向かい、進み続けなさい。

大切なのはヴィジョンを思い描くこと、イメージすることだ。あなたがイメージしたその物語の中に、自分がいる姿を想像しなさい。
それは心躍らせ、喜びをスパークさせる人生のヴィジョンなのだ。
（岐阜 永保寺にて）

このページを開いたあなたへ　rumi からのメッセージ

人は時々、自分の願望が何なのか、夢が何なのかも感じられなくなる時があります。
本当の願望を感じていないと、人は落胆してしまいます。
自分は、本当は何を望んでいるのか。本当に欲しいものは何なのかを感じてみることは、人生においてとても大切なことです。あなたの夢は思い描くことでヴィジョンとなり、いずれあなたの現実に、贈り物としてやって来る可能性があるのです。

真の願望を感じ、行動していきましょう。

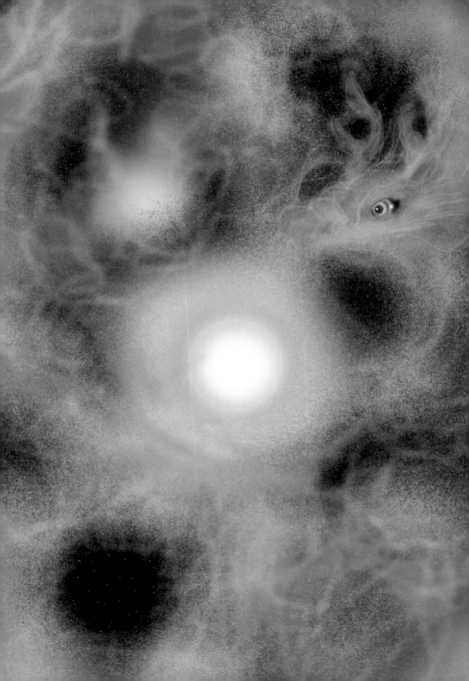

54 感情的な自由と受容

感情はとても自由で、本来はとても軽いものだ。川のように海のように、いつも移り変わり流れている。時には喜びに満ち溢れ、時には悲しくなることもあるかもしれない。

けれど、ひとつの感情に執着し続けてはならない。

移り変わる季節のように、いつもその感情を見守り流していきなさい。感情と友達になるように、いつもあなたの感情を慈しみ、愛おしく抱きしめたら、手放しそっと見守っていなさい。

感情に溺れず、感情に執着せず、たとえそれが愛する人との間にある感情であっても、自由でいて、相手の自由も自分の自由も許しなさい。

たとえ相手がどこかに行こうとも、何をしていようとも執着のない愛を感じなさい。そうすれば、あなたは何事からも自由でいられる。

どんな状況にあっても、執着を手放すことさえ出来たら、あなたは客観的にその状況を見守っていられるのだ。

それは、相手に変化するスペースを与える。相手がどうであろうと、あなたは巻き込まれることはない。

人々とのコミュニケーションの中で、生まれる感情を楽しみなさい。

人々とハートで繋がり、大空を自由に羽ばたく鳥のように、遊び心を持ちなさい。

感情は常に流れている。

時間と共に。

そこに執着してはならない。

寄せては返す波のように、感情は来てはまた去っていくものだ。

自由なスペースを人々に与えなさい。
自由に満ち溢れた愛を与えなさい。

（神奈川 一色海岸 鳥居前にて）

このページを開いたあなたへ　rumiからのメッセージ

水の中で楽しそうに遊ぶ龍の姿が描かれています。

どんな感情にも、執着せずにいられたら、人は自由で楽しんでいられますが、そんな時ばかりではいられないでしょう。

ですが、遊び心に満ちたこのメッセージは、こうあるべきだという感情への執着を手放していくことで、あなたはもっと自由に、心をオープンにして、人々と分かち合っていけるということを、教えてくれています。

55 自己受容

自分を愛し、慈しみなさい。人から望まれる人生ではなく、自分の人生を生きなさい。

あなたはもっと、本当のあなたの声と繋がる必要がある。
長い間、あなたは人を喜ばせるため、また人に求められるように生きてきたのかもしれない。けれど、あなたはあなたでありなさい。
そして、高次の源である意識から、あなたを眺めてみなさい。

自分自身が宇宙の中の、唯一無二の尊い存在だと気づくだろう。

あなたが自分を生き始めることを許せば、周りがあなたに合わせてくれるようになる。あなたが自分を責めるのをやめると、周りがあなたの思いを大切にしてくれるようになる。なぜなら周りの人は、あなたの心の鏡なのだから。

いつもあなたと共にありなさい。

あなたの感じていることにイエスを言い、あなたの生きたい方向に許可を出していきなさい。自分の生きたい人生を止めているのは、他の誰でもなくあなた自身なのだから。あなたはあなたを楽しみ、自分の人生そのものを愛しなさい。自分を否定したり、蔑んだりするのをやめ、自分を神聖な神のように扱い、慈しみなさい。
人と違うことをすることを、恐れるのをやめなさい。

どんな人と比べたとしても、あなたは他の誰かにはなれない。

そして、他の誰ひとりとしてあなたになることも出来ない。あなたがあなたであることが素晴らしいことなのだ。子供の頃の親の望む答えや、周りから称賛される答えを選んではいけない。あなたがあなたであるための、答えを選択するのだ。たとえ誰の役にも立てず、喜ばれないとしても、あなたのハートの喜びと繋がるのだ。あなたが本当の自分と調和した時、すべてが上手くいき始める。(愛知 大縣神社にて)

このページを開いたあなたへ　rumi からのメッセージ

人は他者の評価や承認で、自分の価値を決めてしまうことがあります。学校教育や、決められた価値観の中で、あなたは自分のハートと繋がることを忘れてしまっている可能性があるのです。自分のハートより先に、社会のルールや常識に従うことを、私たちは教えられてきました。
けれど、自己を受容することとは、自分の感じていることや、自分の気持ちを優先することなのです。自分を愛するには、周りに認められるために抑えていた気持ちを、まず自分が認めてあげることです。あなたはあなたのままで、尊い存在なのですから。
自分を愛し慈しみ、あなたはいつも、あなたと共にいてあげてください。あなたが本来のあなたで生きることが、自分への最高級の愛の表現であり、自己受容なのです。

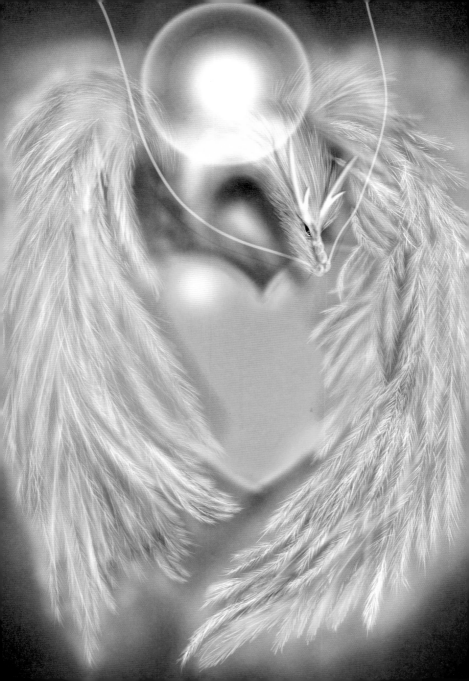

56 ハートの真実

あなたのハートの真実と繋がる時、本来の魂の道に導かれることになる。

あなたが自分のハートを感じて、その心の声に従う時、それは自分への最高級の愛の表現となる。

あなたのハートの本音に従いなさい。

それは時として、とても微かな声であるかもしれない。ずっと自分に嘘をつきすぎて、見えなくなっている本当の気持ちかもしれない。

あなたのハートに従いなさい。

それは人生を導く羅針盤になる。
周りから認められるためではなく、自分のハートの中にある本音の声を認めることが、あなた自身への愛を深めることになる。
あなたのハートを抱きしめ、自分の本音を感じることを許し、自分自身の真実の声に気がついていく時、あなたは深く癒される。

人に合わせることをやめなさい。

あなたは群れを成す羊ではない。野生のライオンなのだ。他の誰にも認められず、たったひとりになったとしても、あなたにはハートの真実という最強の味方がいるのだ。そして、ハートの真実の道を歩き出すと、あなたはどんどん輝きだす。その輝きは周りの人々を魅了し、真実の仲間が出来る。
あなたが群れを成すのをやめる時、真の繋がりが生まれ始めるのだ。
（京都 鞍馬山にて）

このページを開いたあなたへ　rumi からのメッセージ

条件付けのプログラム※ は、私たちがハートの真実（本音）に繋がるのを、いつも妨げてくるものでもあります。
本心を表現しようとする時、子供の時に人目を気にするように教えられていたら、人からどう思われるかが気になるでしょう。人の期待に応えることが素晴らしいことだと教えられていたら、自分を抑え、周りに合わせてしまうでしょう。ハートの真実とは、その条件付けを越えて本音を生き、自分の魂が求めている道を歩くためのカギとなるメッセージなのです。

※「条件付けのプログラム」とは、自分が子供の頃に、両親や周りの人から愛情をもらうためにやっている行動のこと。それはプログラムのように教え込まれているため、自分が愛されるために、それをやり続けなければいけないと無意識に思い込んでいる。（例）良い子でいないと、愛されない。

57 遊び心

あなたの中にある子供心を目覚めさせなさい。

あなたは子供の頃、とても無邪気で遊び心に満ちていた。大人になって人目を気にしたり、周りに気を遣ううちに、あなたのあるがままの姿が失われているようだ。少し休息したり、今向き合っている物事にも、遊び心や創造性のエネルギーを自分の中から呼び覚ましていきなさい。

それは一見、意味のないことのように思えても、心がただ楽しいと感じることをすることかもしれない。人間関係の中で、もしくはたくさんの仲間の中で、人目を気にして動けずにいるのかもしれない。

地球は大きな遊園地のように、楽しむことを選択すれば、あなたにたくさんの喜びを与えてくれる。

楽しくて遊び心をはじけさせることも、たくさん与えてくれる。
それには、あなたが創造を楽しむことを選択する必要があるのだ。それは、深刻になったり、常に正しいことをしないといけないと思っていたら、楽しむことを選択することは出来ない。楽しむことには何の理由もいらない。こうしなければいけない、というルールもない。そして、楽しむためには、どこかに行く必要もない。

あなたが日常の中で、毎日していることの中にも、楽しみを見つけることは出来るのだ。
楽しいことをするから楽しいのではなく、あなたが深刻になるのをやめることから始めたらいいのだ。あなたがワクワクしてくると波動が高くなり、宇宙と同調する。そのエネルギーは、さらなる楽しさを連れて来る。

楽しさや喜びは、人生を豊かにする大きな要素だ。
ただ子供のようになりなさい。
あなたは大人になりすぎている。
子供のような純粋さが、あなたを目覚めさせるのだ。
（岐阜 永保寺にて）

このページを開いたあなたへ　rumi からのメッセージ

私たちは子供の頃、どんなことの中にも、楽しさや遊び心を見出すことが出来ました。
それは、何時間も自然の中で草花を摘み、石ころを蹴飛ばすだけで楽しかった、純真無垢なエネルギーです。大人になると、どんなことの中にも、正しいか間違いかで物事を決めたり、損得やリスクを避けて行動していくうちに、遊び心が忘れ去られてしまいます。
このメッセージは、今あなたに子供心を取り戻すようにと伝えています。

遊び心から生まれる創造性は、あなたにたくさんの喜びを与えてくれるでしょう。

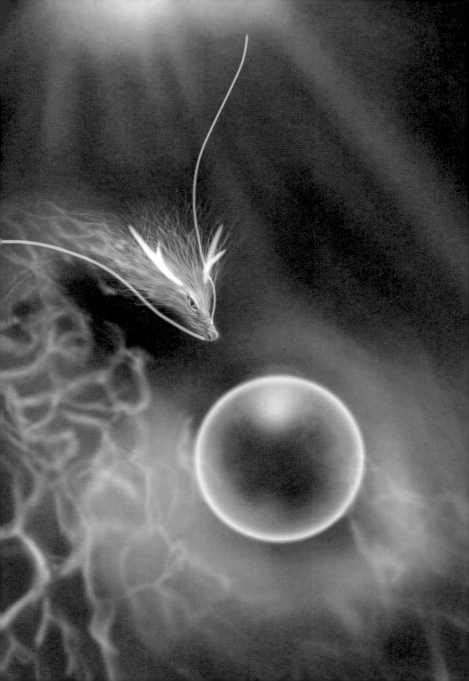

58 ひとりあること

人は孤独を恐れ、人に合わせた生き方をしようとする。
けれど本当の孤独とは、自分の声と繋がれないこと。

魂の内なる声は知っている。あなたの本当の心の声を。

ひとりの時間を持ち、内なる声を聴きなさい。あなたの声があなたの答えを知っている。
あなたの内なるガイドがあなたの真実を伝えるだろう。
あなたは人に合わせて自分の声を無視しているかもしれない。

けれど、あなたの内なる声は、あなたの行くべき道を知っている。
ひとりあることは決して孤独ではなく、内なる声と繋がる、本当の平安なのだ。
人は平安を感じることと、安全を感じることを混同している。平安を感じたいがために、人は安全でありたいと願うだろう。

安全であるために人に合わせ、群衆の中に紛れ込もうとするだろう。安全であるために、誰かの聞きたくもない声を聞き続けたりするだろう。
けれどそれでは本当の平安は訪れない。

本当の平安とは、外側の誰かから与えられるものではなく、自分自身と調和することの中にある。

あなたが自分自身と繋がり、ひとりあることを選ぶ時、心の中に深い平安は訪れる。
それは、物理的にひとりになることではないかもしれない。
ひとりあることとは、自分の源との繋がりの中に、誰の意見も考えも取り込まないことなのだ。

あなたが自分自身と繋がる時、宇宙の愛はそこにある。

（福岡 志賀海神社にて）

このページを開いたあなたへ　rumiからのメッセージ

"ひとりある"という意味は、孤独になったり、ひとりぼっちになるという意味ではありません。
自分の内側にある、自分の本当の声と繋がることなのです。周りに合わせてばかりいては、安心感は得られたとしても、自分の声とは繋がれません。

自分の選ぶ道がたとえ周りの誰からも理解されない道だったとしても、"ひとりあること"を選ぶ時が来ているのです。

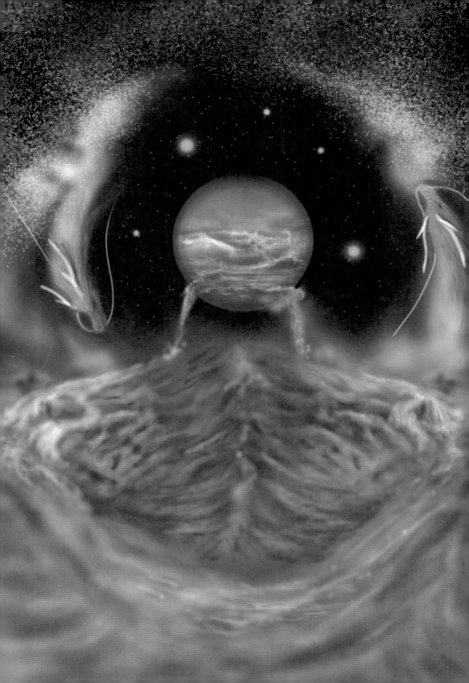

59 悲しみを流す

私たちの命を繋ぐ尊き水。
その水も流れがないと、いずれは腐敗し、マイナスのエネルギーを発するものとなる。

あなたの中に滞っている感情そのものに流れを起こしていきなさい。

本当は何を望んでいるのか？
感情はどう感じているのか？

悲しみや痛みさえも、あなたの人生を深めるエッセンスのひとつ。今はただそこにある感情を味わい、涙として流していくのだ。たくさんの痛みから、いずれは学びの種がまかれ、やがて大地に青々と緑が茂り、草花が咲き誇る。

あなたは小さな頃から、悲しみを抑えてよく頑張ってきた。今は少し休息し、自分の内側の子供心のあなたと繋がる時、あなたのハートにある痛みや悲しみを流していくならば、あなたはもっと自由になるだろう。新しいチャレンジにも向かいたいと思えるだろう。

あなたが痛みを感じる時、あなたは満たされなかったものに気がつく。
不満や心の喪失に。

それはあなたが今、本当に欲しいものを感じるチャンスにもなる。
あなたがずっと我慢してきたものや、失望しているものを手放し、本当に望む道に気づいていくためには、悲しみや痛みを感じ、流す必要がある。

心を軽くし、新しい道を進むために、溜まっていたものをすべて流していくがいい。
（岐阜 永保寺にて）

このページを開いたあなたへ　rumi からのメッセージ

どんなエネルギーや感情も、溜め込みすぎると害になることがあります。
感情を溜め込むとは、その感情をなかったことにして、心の中に押し込んでいることです。

どんな痛みや悲しみ、喪失感があったとしても、流れる涙と共に感じ尽くせば、いずれはそれが消え去ります。またその痛みがあることに気づいたとしたら、あなたはそれが、どれだけ我慢し続けてきたか、本当は何が欲しいのかがわかるでしょう。

どんな感情があったとしても、次のステップに行くために、今は不満や満たされていないハートを感じる時です。あなたのハートを見つめてみましょう。

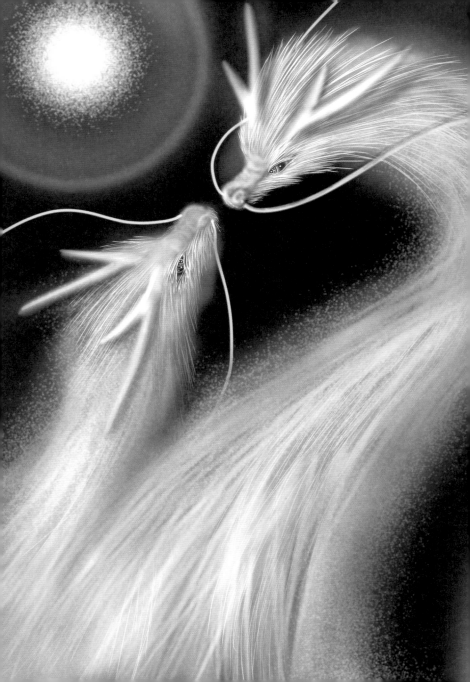

60 トラウマからの解放

過去の痛みから、あなたが解き放たれる時、あなたは本当に人と繋がることが出来る。

あなたの周りにたくさんの人がいたとしても、心の傷にしがみついていると、あなたは本当には人と深く関わることが出来ない。

あなたの痛みが投影され、周りの人があなたを傷つけてくるように感じるからだ。人との関係性で、喜びを感じられない時、あなたは、あなたの傷を見なさい。どんなに昔で、もう終わったことであったとしても、あなたはあなたを癒しなさい。

その傷を見てみないフリをすればするほど、その傷を解放出来ない。
もう一度、悲しみや怒りを感じることを許しなさい。あなたの傷が癒されるまで、その感情を深く感じてあげなさい。充分に感じつくした感情は、満足して消えていく。
感謝と共にそれが消え去るまで、自分を感じ抱きしめてあげなさい。そして、たとえあなたが加害者だったとしても、不完全な自分を許しなさい。

あなたが被害者だったとしたら、その時の状況を創り出した自分を許しなさい。
あなたが本当に許していないのは、自分を守れなかった、自分なのだ。

怒りや痛みを感じつくした時にしか、本当の癒しは起きない。

感情を抑え、頭で納得したとしても、本当の許しは起きない。良い人でいることと、自分の感情を抑えることを混同してはならない。あなたが過去の傷に向き合えば向き合うほど、あなた自身と繋がり、人々と愛を分かち合うことが出来る。

過去を理由に、今から逃げてはいけない。

あなたの人生の学びを、あなたのスピリットは勇敢に受け取ったのだから。
あなたはもう準備が出来ているのだ。
今を生き、愛を分かち合う準備が。
（神奈川 森山神社 奇稲田姫命にて）

このページを開いたあなたへ　rumi からのメッセージ

見つめ合う二頭の白龍は、愛を語っているようにも、友情を育んでいるようにも見えます。こうした深い人との関わり合いや、仲間を作ることは、私たちに潤いや喜びを与えてくれるものです。けれど、心の中に癒されていない傷があると、周りの人の愛情を信頼出来なくなったり、愛を受け取ることが出来なくなったりします。

過去の心の傷は、誰の中にもあるものですが、その出来事が、今現在に影響を与えています。その傷と向き合い、癒すタイミングが来ているのです。

61 流れを作る

あなたの人生に、感情に、流れを作りなさい。

あなたは感情を溜め込みすぎて、感情に溺れているのかもしれない。
それとも、人生を長い間、停滞させている物事があるのかもしれない。
人生が前に進んで行くために、あなたは溜め込んできた感情を感じ尽くし、流さなければならない。人生が前に進んで行くために延期していたことに、今向き合っていかなければならない。人生は水と同じ。

水は一か所に滞れば、やがて腐敗してしまう。清らかなまま保ち続けるためには、水は常に流れていなければいけない。あなたの感情を表現し、感じなさい。感情の抑圧は、人生をも留めてしまう。あなたにとって、大切な感情を感じつくし、人生に新しい流れを起こしなさい。

それによって、再び人生は流れ始める。
もし不安を感じるのならば、胸の奥にある痛みを優しく抱きしめ、涙を流しなさい。

涙が流れた後には、あなたの心に喜びが溢れ始める。

あなたの流れは、新しい方向に向かおうとしている。
それを止めてはいけない。
あなたは長い間、やりたいと思っていることを、引き延ばし続けているのかもしれない。
様々な理由や言い訳で、あなたの魂を停滞させているのかもしれない。
そんな時は、あなたの波動を上昇させなさい。
そして、感情や行動の抑圧や停滞から抜け出すのだ。

あなたの魂の求める道に進むために、流れを起こすのだ。

そうすれば、あなたは宇宙の流れをつかむことが出来る。
宇宙の導きを感じることが出来る。そしてあなたのハートに、再び愛が流れ始める。
（岐阜 弥勒寺にて）

このページを開いたあなたへ　rumi からのメッセージ

感情とは、あなたに様々なメッセージを教えてくれる大切なものです。けれど、あまりにも嫌な感情にフタをし過ぎて、メッセージを受け取れないことがあります。私たちが感情を感じ、解放していくことは、人生に流れを作っていきます。

人生が今、停滞しているのならば、何があなたの流れを止めているのかを考えてみましょう。
停滞のエネルギーが、あなたの波動を低くしてしまっているのかもしれません。
あなたのエネルギーが淀んでいるところに、流れを起こしましょう。

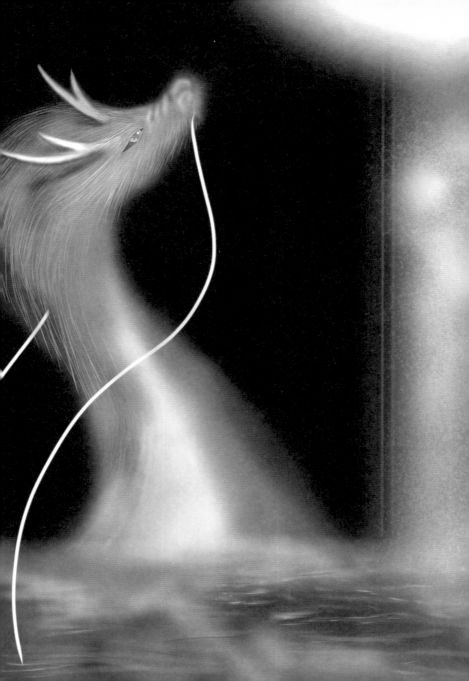

62 憂い

あなたの中に、長い間抱え続けた痛みと悲しみを感じることが、今自分に与えられる最大のギフトだ。

それは、あなたの中で流されない涙として溜まってきたものかもしれない。
あなたが自分の感情を感じることを許せたなら、それは終わりを告げる。
感じきった感情は消化され、あなたの魂は成長する。だが抑圧された感情は、あなたがあなたの道を前に進もうとする時の足かせとなる。

痛みや悲しみを感じることは、長い間、人間の中でいけないこととして封印されてきた。けれど、その感情は、そのままにしておくことで消えることはなく、あなたの人生の中で何度も繰り返されるパターンを創り出してきた。

今感じている痛みや悲しみは、あなたが子供の頃にそっと隠してしまったものかもしれない。それを今、あなたの中から取り出して、感じてあげられる時が来たのだ。

ただ痛みや悲しみの感情を感じることを許し、もしも疲れきっているならば、自分を休息させなければならない。

あなたの心も身体も、魂の器だ。その二つのどちらかが病んでもいけない。そのどちらも愛おしみ、慈しみ、愛を与えるのだ。
痛みや悲しみ、寂しさが心に残り、身体に表れてくることもあるだろう。
そんな時は、魂の器である身体を休息させるがよい。あなたの身体を大切にすることも、魂を癒すことに繋がる。
静かな時間の中で、あなたの抑圧を解放するのだ。

心と体の憂いが解放された時、あなたの道は、また次のステージに向かって進み始める。

（京都 廣隆寺 弥勒菩薩前にて）

このページを開いたあなたへ　rumi からのメッセージ

このメッセージを受け取った時、おそらくあなたは休息を必要としているでしょう。
今あなたの心身を癒すことが、何よりも大切です。
ただ心身を感じて寛ぎ、自分に癒しを与えましょう。

あなたは唯一無二の尊い存在です。
愛されるために、自分が無理をしていないか、自分を抑圧していないかを感じてみましょう。あなたが自分に愛を与えること以上に、大切なことはないのです。

63 幸福

随分長い間、あなたは待っていた。
あなたの願望が叶う時を。

あなたはどんな時もあきらめずに、つまずきながらも自分を信頼し歩いてきた。

そんなあなたを天はずっと見守り、片時も離れずそばで導いていたのだ。
内なる女性性を開花させていく中で、あなたは感じることを許すようになった。
自分の本心、そして自分の感情を。あなたは自分を感じる時、長年フタをしてきた痛みや悲しみさえも感じ始めるかもしれない。しかし、自分の正直な感情を感じることが、あなたが本当に欲しいものに気がつくために大切なことなのだ。

あなたは誰かを傷つけたり、自分が傷つくのが怖くて、本心を感じないようにしてきたのかもしれない。けれども、あなたの本心は、もう望みを叶えるために解放されるのを待っている。

あなたが自分の人生に、本当に期待していることとは何だろう。あなたの中の、子供のあなたは、笑顔でいることや良い子でいることで、欲しいものを与えられることを期待して待っているのかもしれない。けれど、あなたはもう自分で自分の望みを叶え、心から幸せになることを許すのだ。
子供の頃のあなたは、自分や家族を守るために、我慢していたかもしれない。けれど、もう我慢はいらない。

あなたは望みを叶えるために、大好きなことを、喜びを、楽しさを選択しなさい。

それがたとえ誰かの期待に応えられない人生だったとしても、宇宙にあなたの望みを放ちなさい。ひとたびあなたが許可すれば、あなたの元に幸福が訪れる。

あなたは幸せや喜びを受け取るに値する存在だ。

あなたが豊かで歓喜に満ち溢れることが、宇宙の願いであり、地球への貢献なのだ。
（神奈川 森山神社 奇稲田姫命にて）

このページを開いたあなたへ rumi からのメッセージ

幸福感に満ち溢れることは、心から喜びを感じる経験です。あなたが心から欲しい幸せとは、いったいどんなことでしょうか？　それは、仕事の達成や成功かもしれないし、人によっては、自分の心の平安や、心から愛し合えるパートナーが出来ることかもしれません。あなたが経験したい幸福感を思い描き、それがあなたの元にやって来るのを、喜んで受け入れましょう。
幸福感に満ち足りた、感謝の時を味わってください。

64 調和

人との不調和を人のせいにせず、自分の心を見つめてみれば問題が解決していく。不調和がある時、心の中の不安や恐れが不調和を呼び寄せている。自分の本当の声を聞き、まず自分の心を調和させるのだ。

人はそれぞれみんな違う価値観を持っている、それぞれに大切にしていることがあり、それをお互いに尊重することが大切なのだ。
相手の目的や望み、痛みさえも理解することで、自分の中にある不調和を相手に投影していることに気がつけるだろう。

人は人の中でしか生きられず、ひとりで生きることは出来ない。
人との関わりの中で人生を学んでいくのだ。
人を利用してはならないし、利用されてもいけない。
人は生きていく中で、どれだけの愛を分かち合い、どれだけの人と理解し合えるのかを体験しているのだ。

宇宙の中で、唯一無二の存在であるそれぞれの尊さを称え合いなさい。

自分の中で、自分に対する愛を育てていくと、相手の尊さにも気づいていける。

自分の心と調和しなさい。

あなたが自分の素晴らしさに気づけば、周りの人々の素晴らしさに気づけるだろう。宇宙のエネルギーは、調和の中で拡大しているのだ。
（三重 伊勢神宮にて）

このページを開いたあなたへ　rumi からのメッセージ

調和のエネルギーとは、愛と平和を創り出していくエネルギーでもあります。私たちは自分のハートに繋がることさえ出来ていたら、いつでも調和のエネルギーを感じることが出来るのです。あなたがいつでもハートと繋がれるように、自分への愛を忘れないようにしましょう。

自分を愛するための行動や、自分への愛の表現とは、時に自分のために言いづらい本音を言ったり、勇気を必要とすることもあるでしょう。けれど、いつもハートの声を聞き、本当はどう感じていて、どうしたいかに正直でいることが、あなたの心に調和を保ち、平和のエネルギーを周りへ与えていくことになるのです。

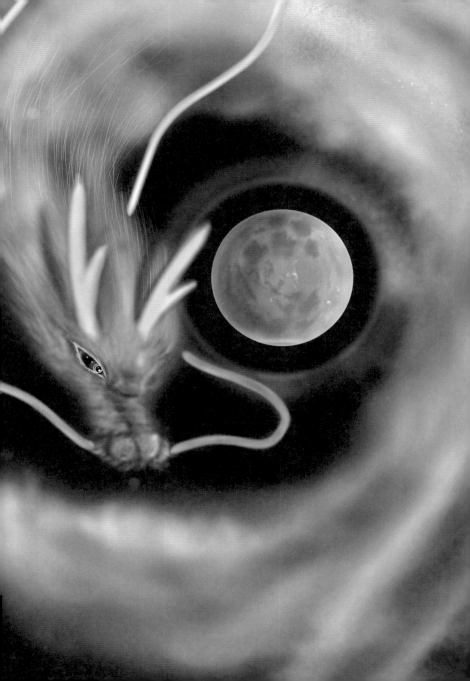

65 月の器

月はすべてを包み込む。優しい慈愛に満ちた光で。

それは母のようにあなたを見守っている。
静かでいて、けれど自信に満ち溢れている。
あなたの胸の中にある、あたたかな光のように。
月があなたに伝えるメッセージは、自信を持つという安定したエネルギーだ。
それは満ち足りていてあたたかく、そして深い。

新月から満月にかけて、砂浜に打ち寄せる波のリズムがあるように、あなたの感情にも波があるだろう。けれど、その波の流れにゆだねながら、自分の道に自信を持ち、歩き続けなさい。たとえそれが少しずつだったとしても、一歩一歩踏みしめながら、あなたの強さを信頼し、道を歩きなさい。

不安になったら立ち止まり、月を見上げてみなさい。月はずっとあなたを見守り続ける。心配になったら立ち止まり、波の音を聞いてみなさい。波はあなたを優しく導き続ける。月はどんなことも、優しく包み込んでくれるだろう。

月はどんなあなたも抱きしめてくれるだろう。誰かに認められなかったとしても、誰かがあなたを笑ったとしても、あなたはあなたを生きなさい。

誰の顔色もうかがわず、誰かが喜ぶためにするのではなく、あなたはあなたを生きなさい。

あなたがたとえ人の役に立たなかったとしても、ほめられなかったとしても、

あなたはあるがままのあなたを無条件に受け入れ愛しなさい。

その道がたとえたったひとりだったとしても、月はあなたを見守っている。
月は器だ。すべてを受け入れ包み込む、大きな器なのだ。
あなたが自信に満ち溢れる時、あなたのエネルギーは月の器になる。
（神奈川 森戸神社にて）

このページを開いたあなたへ　rumi からのメッセージ

自信に満ちたエネルギーを持ち、物事を一歩一歩着実に進めていくことで、あなたは大きな成果を出すことが出来るでしょう。
人のために貢献していくディスクのキングのエネルギーは、とても頼りになり、強さを持っています。それと同時に、月に見守られているような、安定した穏やかな優しさも持っているのです。

あなたは今、成功に向かって、一歩一歩あるがままのあなたで進む準備が出来ているのです。自分自身のどんな側面も受け入れていくことが、あなたの自信に繋がっていくのです。

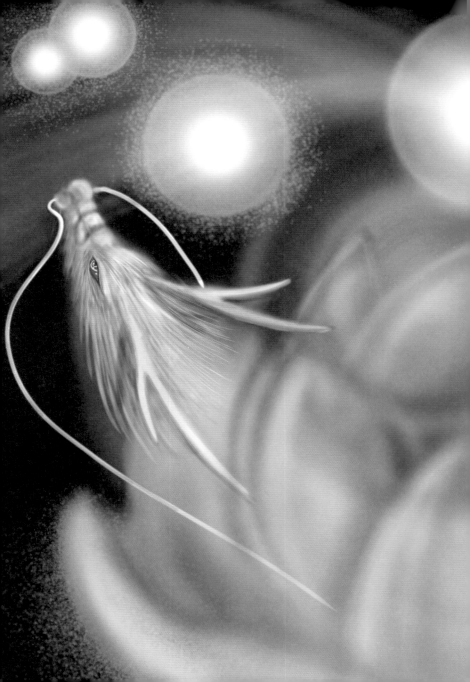

66 開花

蓮の花はどんな泥水の中からでも花を咲かせることが出来る。

あなたの状況は決してすべてが整ってはいないだろうが、そこからあなた自身の花を咲かせていくことが出来る。
あなたが咲かせたその花は、決して誰とも比べるものではなく、素晴らしいもの。
独自性を自分の中に認めて、美しい花を咲かせていくのだ。

あなたの人生の開花はすぐ目の前にある。
ずっと努力してきたこと、実りを望んできたことが開花する瞬間、あなたが咲かせる花の香りは、周りに至福をもたらす。

人生のあらゆる豊かさ、歓喜に身を投じなさい。

あなたはもっと受け取ってもいい。あなたはもっと喜んでもいい。
あなたはもっと楽しんでもいい。

あなたのハートを開き、生の中にあるすべての至福を感じなさい。

あなたが感じる至福は、やがて周りの人のハートを愛で包み込むだろう。

あなたはただ至福の中にいなさい。
ハートを喜びで満たしなさい。

あなたの開花は、世の中で深刻になりすぎている人々を導き助ける。
あなたは宇宙からチャンスを受け取って、ただ満開に花を咲かせるだけでいいのだ。
そこに遠慮はいらない。
あなたの至福のエネルギーが、この地球全体に必要なのだから。
(三重 伊勢神宮にて)

このページを開いたあなたへ　rumi からのメッセージ

このメッセージを受け取ったあなたは今、焦って行くべきところもなければ、やるべきこともありません。ただ寛いで、今までの実りを受け取りましょう。
あなたは自分だけ喜んでいてはいけないと思うかもしれませんが、あなたの開花による喜びは、あなただけでなく、周りにも豊かさと至福を与えるのです。

あなたはリラックスし、今ここにいて自分を信頼し、豊かさを受け取りましょう。

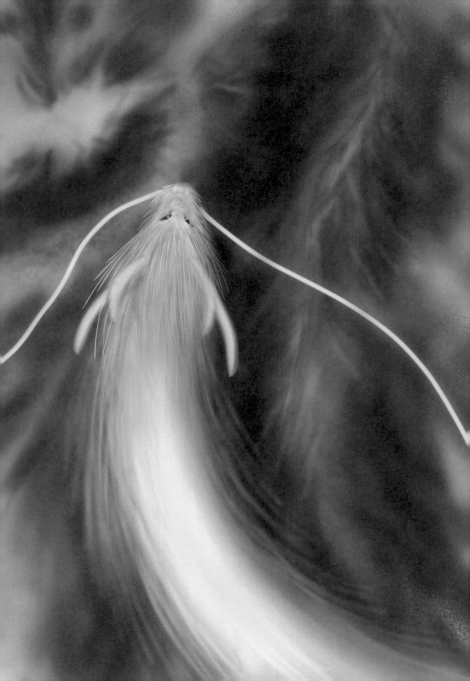

67 目的に向かう

大地のエネルギーを司る黄龍の背に乗って、あなたが進みたい場所に向かうのだ。

それは、ずっとずっとあなたが願い望んできたことかもしれない。
そして、それは大きなヴィジョンであり、長い月日がかかることかもしれない。
けれど、準備は整った。今そのヴィジョンを現実化させる時が来たのだ。

奇跡的な出来事を望むより、着実に現実と向き合い、一歩一歩進み続けなさい。
その堅実さがあなたに奇跡を起こす。大地のエネルギーと繋がり地に足を着け、今、出来ることからやり始めなさい。
それは将来あなたが望む場所に辿り着くための、確実な一歩なのだ。

自分の向かう目的地を明確にしなさい。
そこに向かう時、あなたはチャンスを摑むことが出来る。
地のエネルギーは安定し、あたたかくどっしりと守り続けてくれる。けれど留まり続けると、それはあなたを弱くもする。あなたが進み続けると、たくさんの玉（ぎょく）が投げられる。その玉を受け取り、それを黄金に変えていきなさい。

人脈、お金、あなたの元に投げられる玉は、あなたの目標を達成させる。
その玉を大切にしながら、あなたは進み続けることで、さらなる新しい門が開くのだ。
今はまだ何も手にしていないのかもしれない。

道さえ見えないかもしれないが、あなたの進むところに道は出来る。

（神奈川 森戸神社にて）

このページを開いたあなたへ　rumi からのメッセージ

自分がいったい何が欲しいのか、どこに行きたいのかを決めた時、人はその目的に向かい始めます。まずは、あなたが将来どうなりたいのかのヴィジョンを見つめてみましょう。あなたが意識を向け続けた方向に現実は創られます。黄龍の大地のエネルギーからのメッセージは、着実にコツコツと一歩一歩でいいから、まず前に進んでいこうと励ましているのです。

今は止まっている時ではありません。まずは、強い意志を持ち、あなたの目的がブレないように、自分の軸を作りましょう。

68 お金の考え方を変える

人間界の物語の多くは、お金にまつわる悲しい話や、お金についての間違った考え方が描かれているものがあり、それを小さな頃から聞いてきたあなたは、お金について良くない思い込みを持っているかもしれない。

または両親や周りの人が、お金について争う姿を見た人もいるかもしれない。けれど、

お金とはエネルギーであり、あなたの心のあり方で、どんな状態にも変わっていくことが出来る。

あなたがお金は素晴らしいものだと感じていれば、お金はあなたの人生に素晴らしいことをもたらすだろう。
お金は争いを生み出すため、手にしてはいけないものだと思っていたら、お金はあなたの人生に争いを生み出すだろう。

あなたは今、豊かさを手にして、新しいヴィジョンに向かわなければならない。
お金についてのあなたの考え方を変えていくことが必要なのだ。
お金を愛のために使えば、それは愛となりあなたの元に返ってくる。
お金を使うことに罪悪感を持っていると、人から責められることもあるかもしれない。物心共に豊かになることが、周りの人々へのギフトでもあり、何よりも自分自身に与えるギフトなのだ。

お金を手にしないことは、周りに豊かさを与えられない。豊かさを与えられないと、あなたはお金を持っている人々を批判する。
それは喜びを見出さない連鎖なのだ。

人々を豊かにするのは尊い仕事だ。

そして、豊かさを与え合うことも、より尊いことなのだ。あなたは、良い人であるには、お金をたくさん受け取ることはいけないと教えられてきたかもしれない。
けれど、あなたの元に豊かさを引き寄せることは、周りにも恩恵をもたらす。豊かさを喜んで受け取りなさい。（京都 下御霊神社にて）

このページを開いたあなたへ rumi からのメッセージ

あなたは今、お金だけでなく、人生全般においての豊かさのエネルギーをもっと受け取っていいのだと教えられています。豊かになることは決して他者から奪うことでも、貧しい人を見捨てることでもなく、喜びを分かち合うための素晴らしいギフトなのです。

この第三次元では、あなたの意識が物質に反映されています。
あなたがお金や豊かさにネガティブな思いがあると、あなたの元にお金や豊かさが引き寄せられません。お金は意識そのものであり、あなたが今豊かさを感じることを許せば、あなたの元に豊かなエネルギーはどんどん舞い込んできます。

69 問題と向き合う

今、あなたの元に訪れている現実そのものと向き合う時だ。

問題となっている核となる部分に立ち向かいなさい。

どのようにして問題を解決していくのかがわからなくても、一歩一歩解決のためになる思いついた行動をとっていくことで、それは徐々に解決していく。
問題となっている人や物事、物質的な不足に対することすべてに向き合う時、あなたは成長し、より高みへと進むことが出来るのだ。
その現実は、動かしていくことがたとえとても困難のように見えたとしても、それはあなたが創り出している世界なのだ。

また、あらゆる問題にはメッセージが含まれている。
この問題は、あなたに何のメッセージを伝えているか感じてみなさい。それに気がつくと、問題は魔法のように解決して、身体の病さえも消え去ることがあるのだ。

今ある問題を見つめ、向き合っていくのだ。

それはあなたにはとても大切なこと。解決の糸口は、あなたが自分を見つめることにもあるようだ。自分がここからどう行動していくのがいいのか、向き合う必要のある問題から逃げていないか、今一度自分を振り返って見つめる時なのだ。
そこには今まで気づかないフリをしてきたものが見えるかもしれない。
けれどもあなたの意識はもう見る準備が出来ている。

あなたが本当はどうしたいかは、あなたのハートが知っている。

問題の答えはあなたの内側にある。人生は深刻なものではなく、どんなに大変な状況にある時であっても、人が人生に強烈に向き合っている姿や、トータルで生きる姿は、どんな芸術より美しいアートなのだ。

自分の人生に妥協してはいけない。

あなたは自分自身の人生に全身全霊で向き合っていくのだ。
（京都 下御霊神社にて）

このページを開いたあなたへ　rumi からのメッセージ

あなたは今、現実的に自分の身体を感じ、あるがままの自分でいて、起きていることを見ていく必要がある時なのかもしれません。もしくは、着実に現実的に形作っていかないといけないことがあるかもしれませんが、あなたは今、現実と向き合うだけの力があり、そうしていくことで、しっかりと自分の人生を自分の望む方向に動かしていけるのです。

身体にグラウンディングしていない感じがしたら、裸足になり、大地と繋がってみるのもいいでしょう。

70 変化

次々と起きるチャンスに目を向けて、ただ自分に訪れるものを信じて進む時、あなたは新しい道に出会う。

そこで見るもの聞くものが、あなたの次元を上昇させる。
今は留まっている時ではない。たとえ恐れがあったとしても、流れを信じて進むだけなのだ。

恐れを感じながら恐れの中に飛び込んでゆけ。

あなたは導きの中にいる。光の方に目を向けて、恐れのために延期を選んではいけない。
あなたに訪れるチャンスはやがて、多くの人のチャンスとなる。
勇気を持って流れに飛び込む時、あなたの前に次々とエネルギーの流れが起きる。

過去を振り返らず、未来を心配せず、目の前のチャンスだけを摑んでいけ。

もっとチャンスに柔軟なハートを持ち、その流れの渦に乗っていくのだ。渦は流れる、止まることなく。大きな円を描きながら、すべてのエネルギーを巻き込みながら、あなたを巻き込みながら。

あなたは時として、今までの自分に戻りたくなるかもしれない。
けれども、今は新しいものへと移っていくことで、新しい贈り物を受け取っていく時なのだ。
その流れを信頼し、変化の渦に巻き込まれなさい。
（福岡 志賀海神社にて）

このページを開いたあなたへ　rumi からのメッセージ

変化のメッセージが来た時、あなたはドキドキしますか？　それともワクワクしていますか？
その時の状況によって変化とは、時に楽しいことであり、時に不安と恐怖を感じることでもあります。けれども、この世の中に変わらないものはなく、変化こそが魂を成長させるセレブレーションなのです。

変わっていく状況を自我のコントロールを超えて、人生があなたをどこに連れて行くのかを見守ってください。生とは、絶えず変化していくものなのです。

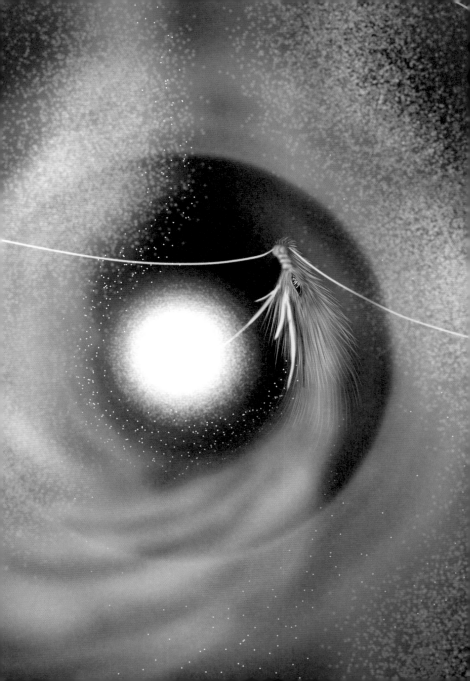

71 時は芸術なり

あなたは今、時間という大切な瞬間瞬間を無駄にしているかもしれない。
地球上でのあなたの時間には限りがあり、いつか終わりが来る。忙しく走り回っているのは、もしかしたら不安や心配から行動し続けているだけなのかもしれない。

時は芸術であり、あなたの人生を彩る美しいアートなのだ。

自分が本当にやりたいこと、本当に会いたい人、本当に関わりたいことに時を費やしていくことに気づきを向けていきなさい。
そして今、自分を大切にすることや身体を癒すこと、大切な人に時間を与えることが、あなたの望む未来に繋がっていくのだ。
自分をないがしろにして動き回ったとしても、得られるものは疲労や後悔だけなのだから。

あなたは今、自分を感じ、ゆっくりとした時を過ごすことが必要だったり、望まないことに時間を費やすことをやめる必要がある。

あなたの人生の大切な一瞬一瞬を、心が震えるほどの美しい時で彩る瞬間、あなたの人生そのものがアートになる。

あなたには創造性があり、この人生にあなたが創り出したいものを創り出していけるエネルギーがある。
あなたが創造性を使う生き方を始めると、人生はとても美しいものになる。あなたは現実は外側から来ているもので、あなたにはどうすることも出来ないものだと思っているかもしれない。けれど、現実とはあなたの創造物であり、あなたが現実を創り出している創造主なのだ。
あなたの創り出したい人生のヴィジョンを描き、クリエイションしていきなさい。

その時、あなたの人生という時間は美しいアートになる。

（岐阜 付知峡 不動滝にて）

このページを開いたあなたへ　rumiからのメッセージ

あなたの人生はあなただけのものです。
他の人の期待に応え続けたり、忙しく仕事に走り回っていたほうが、時に人は安心感を抱いたりするものです。もしあなたが、時間が空くと不安になり、スケジュールをどんどん埋めてしまっているのであれば、少し立ち止まり、自分にとって大切なことは何なのか、自分はこの限られた時間という、当たり前ではない人生のギフトをどのように使っていきたいのかを考える時です。

あなたの人生は、あなた次第で自由自在に行き先を変えることが出来るのです。あなたの人生の時間を、やりたいことや大切なことのために使うことに意識的になってみましょう。

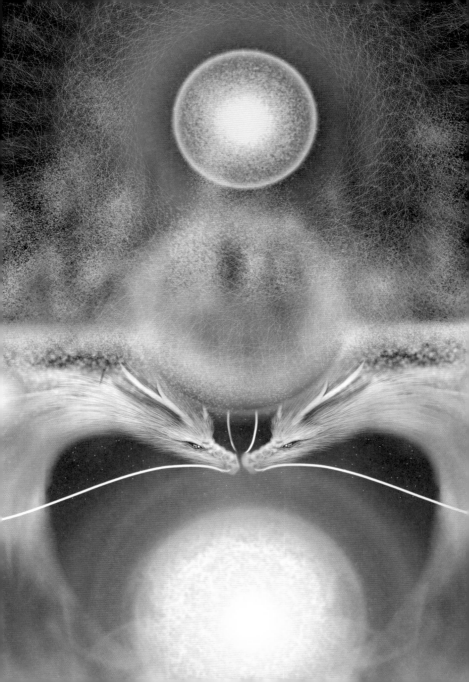

72 所有欲を手放す

誰かと共に生きるということは、物心共に豊かでなくてはならない。

自分の足で立つことを忘れた時、人は誰かの力で生きようとする。けれど、それでは本当に人と共に生きることは出来ない。人と一緒にいながらも、真に人と繋がることは出来ない。

相手の力を借りるために、自分を表現することを遠慮したり、誰かに置いて行かれないために、自分の心を置き去りにして相手に合わせてしまうからだ。「仲間が欲しい、誰かと共に生きたい」と願うのであれば、まず自分自身が自らの人生を自分の足で立ち、創り上げていくことに目を向けていきなさい。

あなたが自分の足で道を歩く時、それは光となり周りを照らす。

その光に多くの人が集まって来るだろう。あなたが人々と調和を創り出す時、それはあなたの光となり、魂を輝かせる。

人々と共に生きる時、多くの愛を分かち合うことが出来る。

周りにある豊かさを受け入れなさい。

そして自分の足で立ち、人生を創り出していきなさい。あなたは共に生きる準備が出来ているのだ。決して人を所有しようとしてはならない。そして、人に執着しすぎてもいけない。それはあなたの制限となり、人生の足を引っ張るものだ。

人はそれぞれが源の存在であり、たとえ自分の子供であったとしても、あなたは所有することは出来ない。

それぞれが地球にやってきた意味があり、ひとつの生命体であり、意識体なのだ。

お互いに依存することなく、支え合いなさい。奪い合うのではなく与え合いなさい。

あなたは所有することは出来ない。けれど、共に生きることは出来る。
（福岡 観世音寺にて）

このページを開いたあなたへ　rumi からのメッセージ

二頭の龍が織りなす世界は、愛し合っているようにも、にらみ合っているようにも見えます。時として愛は、美しく素晴らしいものでもあり、執着から所有したいと思い始めると、苦しいものにもなり制限を創り出します。

どんな物事にも関わりの中で依存が強すぎると、良い方向には流れていきません。

あなたの中に、強すぎる所有欲が現れた時、あなたは何かに執着し、それにとらわれている可能性があります。

何がそんなに心配なのか、自分と向き合い、不安を解消することから始めましょう。

73 困難からの学び

あなたが幸せになることは、今まであなたを大切に守り育ててくれた人々、そしてあなたがこの世に生を受けた時から見守り続けていた宇宙への恩恵だ。

あなたは幸せを感じ、不安から抜け出していくだけの喜びを経験しなければならない。あなたは心配の中にいる時、自分のハートを感じられない。

あなたが気づけば、あなたの周りは愛に満ち溢れている。

どんな困難からも、あなたの気づきにより抜け出すことが出来るのだ。
あなたの手を引いてくれた人、あなたが転んだ時抱きしめてくれた人、あなたはありとあらゆる助けと導きに守られ愛されてきた。
今あなたが困難の中にいるとしたら、その愛を思い出し、自分自身を信頼しなさい。

内なる愛にチューニングを合わせれば、困難は消えていく。

あなたの内なる愛は、たくさんの人々から与えられた愛と、あなたが元々持っている宇宙に繋がるソースエネルギーの愛の源泉なのだ。
その泉はどんな困難な時にさえ、枯れることはない。そしてそこから湧き出る愛はすでにそこにある。あなたに気づいて欲しくて、ハートの奥に湧き上がっているエネルギーなのだ。

困難や試練の時、人は自分を疑う。未来を心配する。
けれど、ひとたび内なる愛にチューニングを合わせれば、次元が移行したかのように、状況は変わっていくのだ。
その魔法に気がつきなさい。あなたを幸せにするのは、もうすでに幸せだったと気づくことだけなのだ。

あなたの愛に気がつきなさい。愛はすでにそこにある。

困難を抜ける道は、すぐ目の前にあるのだ。（神奈川　森戸神社にて）

このページを開いたあなたへ　rumi からのメッセージ

このメッセージは、困難な状況の中にも学びや解決する方法は必ずあるのだと、高次の存在が教えてくれています。
誰かの手助けにより、困難から抜け出せることもありますが、試練から抜け出す第一歩は、まず、先を心配することではなく、心に希望の光を灯していくことです。
その気づきを与えるために、このメッセージはあるのです。

困難に抵抗するのではなく、たとえ困難があったとしてもその状況から学び、自分を成長させる経験としていくことが、あなたには出来るのです。

74 金脈を見つける

あなたの中にある才能や行動力を、お金という対価に換えることが出来る。

子供の頃からあなたがやりたかったこと、得意なこと、ずっとずっと求めてきたことに着手して、あなたの持っている宝物を使って、豊かさを創り出すチャンスの時がやって来た。
あなたの目の前に流れている金脈と繋がるのだ。
今、あなたの元にやって来ている豊かさを創り出すチャンスの情報に気がついて動いていきなさい。

あなたはたくさんの才能や能力を、自分自身のパワーとし、豊かさを創り出すことが出来る。

それは、今まであなたにとって当たり前すぎて気がつかなかったことかもしれない。
けれど、あなたのその能力を今、世の中が必要としている。
たとえ今までやったことがないチャレンジだったとしても、自分を信頼し挑戦していく時が来た。

自分の才能を役立たせ、両手を広げて豊かさを受け取りなさい。

あなたは、大きな豊かさを受け取るためには、大変な苦労をしないといけないと思っているかもしれない。
けれど、豊かさを受け取ることは、決して苦しみを創り出すものではない。
豊かさを創り出すことは喜びなのだ。そして他者を豊かにすることもまた尊いことなのだ。

あなたの中に金脈はすでにある。

その金脈を使って、あなたは黄金を創り出す。（京都 下御霊神社にて）

このページを開いたあなたへ　rumiからのメッセージ

あなたのハートは羅針盤です。あなたがワクワクすること、あなたが当たり前のように人より出来てしまうことを仕事にして楽しみましょう。それはきっとあなたの魂が、この地球で体験したかったことなのです。

それがたとえ普通じゃないと感じるようなことであったとしても。「普通の親はこんなことしないかもしれない」「普通のサラリーマンはこんな副業しない」そんなふうに思えるようなことだったとしても、そこにあなたの生きる道があります。

そして、自分の好きなことや、あなたの持つ才能で、豊かさを創り出すことは、あなたという存在をこの地球上で活かす最大の贈り物でもあるのです。

75 恐れの中に入る

恐れの中に入ってゆけ。恐れの中に入ることで、それは恐れではなくなる。

あなたの恐れは幻想である。

人は未知なるものを恐れる。その恐れを受け入れて経験する時、人は成長し目覚めを経験する。恐れがあるからやめるのではなく、恐れの中に入ってゆけ。そうすれば、それは恐れではなくなる。それはあなたの血となり肉となり、人生を彩る器になる。恐れを経験しなさい。その時人は目覚める。それが幻想だと気がついていく。

乗り越えられないチャレンジは目の前には現れない。

恐怖であるほど、その中に入る時、人は成長する。その経験はあなたのパワーとなる。すべての人の心の中に恐れはある。それを避けるのではなく抱きしめなさい。

恐れを感じることを許す時、それは愛となる。

恐れの感情には様々なものが含まれる。それは、人目やあなたへの評価かもしれない。

自分独自の生き方を貫く時、人は誰しも"他とは違う"という恐怖の壁にぶち当たる。

あなたは子供の頃から、人と合わせて協調することが美徳だと教えられてきたかもしれない。人は教え込みの制限から出ようとする時、強烈に恐怖心を揺さぶられる。けれど、それは祝福だ。あなたが人間としての生き方から、魂の道の生き方に変容しようとする時の祝福なのだ。あなたが恐怖を感じる道に入ってゆけ。それはあなたを成長させる。そして、次のステージが開かれる。

恐れの中に入ってゆけ。

それは歓喜に満ち溢れる、自由への扉を開くカギなのだ。（福岡 観世音寺にて）

このページを開いたあなたへ　rumi からのメッセージ

私たちは、恐れる出来事よりも、それを"感じること"を恐れて避けようとします。失敗への恐れがあれば、挑戦することを避けたいと思い、人から拒絶されることを恐れれば、人と深く関わることを避けたいと思うでしょう。恐れは私たちを制限し束縛します。

けれども、人間の本能である恐れの感情は、誰の中にもあるものであり、避けられないもの。ですから、恐れの制限や束縛から自由になるためには、恐れを避けて自由を制限するのではなく、その恐れの中に入っていくことです。

恐れていることを体験することで、それが幻想だったと気づくことが出来るのです。

自分が恐れていることを見ないようにして、理由をつけて挑戦をやめようとするのではなく、恐れの中に入り挑戦していく経験が、その恐れの先にある新しい自由な世界へ、あなたを連れて行ってくれるでしょう。

76 行って木を抱きしめなさい

あなたは体験や経験から、エネルギーを受け取ることが必要だ。

あなたが木を眺めることや、木について考えることと、木を実際に抱きしめることは違う。あなたは木を実際に抱きしめ、その感触感覚を味わう時、あなたは経験する。
考えているうちはマインドの中にいるのだ。

行って木を抱きしめなさい。

その経験があなたを癒し目覚めさせる。
体験によってのみ気づいた知恵が、周りの人を助ける。

あなたの目覚めは経験することの中にある。

もし癒しを経験したいと思うなら、癒しについて考えるのではなく、大自然の中に行きなさい。
川のせせらぎに足をつけ、木々の葉が風によって揺らぐ音を聴きなさい。
もし、好きな仕事をすることを経験したいなら、好きな仕事をしている自分はどうかと考えるのではなく、実際に好きなことをして働いてみなさい。それがどんな感じがするのか、体験してみなさい。

新しいことを知りたいと思うなら、本をたくさん読むのではなく、新しい場所に行き、新しい人々と知り合いなさい。共に時間を過ごし、語り合う時間を作りなさい。
あなたが多くのことを経験すればするほど、あなたのスペースは広くなる。
そのスペースにさらに多くの人々や、豊かさや喜びが入ってくる。そして、あなたは拡大する。意識が拡大すれば、あなたの世界はより素晴らしいものになるだろう。

行って木を抱きしめなさい。

それはあなたの器の広がりになる。
（京都 鞍馬山にて）

このページを開いたあなたへ　rumi からのメッセージ

大きな木に包まれた光り輝く玉は、白龍が木を感じた時に起こる目覚めの光のようです。
私たちは、まだ体験したことがないものを頭で考えて判断しがちですが、実際に体験することで、「あー、こういう感じだったのか」と腑に落ちることがあります。
そして、また自分が経験したことは人々へのサポートにもなります。知識ではなく、あなたが経験した生の体験は、よりリアルで知恵が含まれているからです。

このメッセージは、事柄を頭で考えずただ体験してみなさい、と教えてくれています。体験の中から学んだ知恵は、あなたの叡智になるのです。
頭の中で考え過ぎてしまう時は、この白龍のように、木を抱きしめに行きましょう。

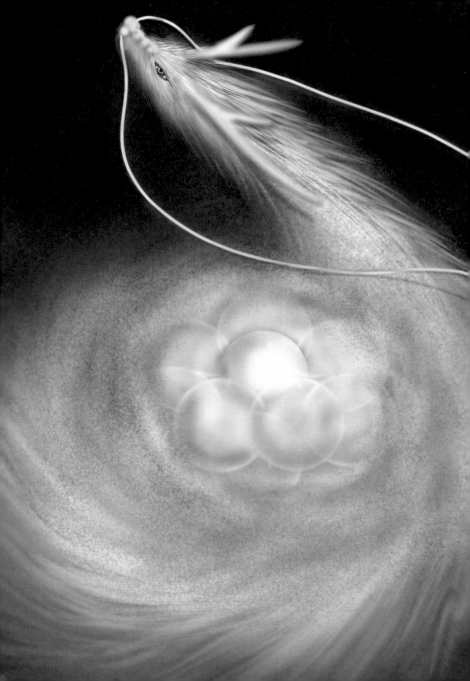

77 金の卵

龍があなたに運んでくる八つの金の卵に「愛、豊かさ、慈しみ、慈悲、喜び、真心、真実、目覚め」という八つのエネルギーが与えられている。

あなたが物心共に、八つの豊かさを受け取ることが、周りにさらなる豊かさを与えることになるのだ。
豊かさは周りに多くの喜びをもたらす。そして、豊かさは周りに多くの恩恵をもたらす。

多くの実りを受け取り、より多くの人々と分かち合いなさい。

その分かち合いが、さらにあなたの人生を豊かにする。
あなたは周りから恵まれていると思われるだろう。運がいいと思われるだろう。けれどあなたの元にやって来た金の卵は、今まであなたが宇宙に放ってきた喜びのカケラなのだ。

その与えられた恩恵に感謝し続ければ、あなたはさらに与えられる。
特にお金のエネルギーは、あなた次第でポジティブにもなり、ネガティブにもなる。

感謝して受け取れば受け取るほど、お金のエネルギーはポジティブになる。

そしてそれをまた喜びに使えば、さらなるエネルギー循環が起きる。ネガティブに使えば、失うことを恐れたり、分け与えるのを拒むだろう。

あなたの元にやって来た豊かさの恩恵を、さらに溢れさせるかは、あなた次第。
今、あなたは豊かさの祝福の中にいるのだ。
（京都 下御霊神社にて）

このページを開いたあなたへ　rumi からのメッセージ

八つの金の卵を抱える美しい金龍は、見るからに豊かなエネルギーを放出しています。
豊かさには様々なものがあります。お金の場合もあれば、利益やプロジェクトの達成、素晴らしい仲間や、ゆったりとした時間でもあるでしょう。いずれにせよ、この金龍のように豊かなエネルギーは、人々を幸せにします。

あなたの元に豊かさがやって来る時、あなたは自分だけでなく、周りにも幸せのエネルギーを与えていくことが出来るのです。

豊かさを受け取り、溢れさせましょう。

78 富

富、豊かさ、繁栄は、自然と同調している。

この大地にはあらゆる実りが満ち溢れている。

そして、そのポジティブなエネルギーは、人間の本来のエネルギーなのだ。魂が目覚めていくと、この世の中のありとあらゆる豊かさに気がつく。
多くのものを与えられ恵まれているのかに気がつく。そして、その豊かさに気づいた時、あなたが歩いてきた道のりは、あなたの行いの種を刈り取るものになる。この世の中であなたが創り出したいものは、何であろうか?
あなたが収穫したい果実はどんな実であろうか?

あなたはそこに意識的でいなければならない。
もしそこに無意識でいたならば、あなたは望まない実りを刈り取ることになる。

あなたの意識を、富、豊かさ、繁栄に向け続けなさい。そうすれば、あなたの人生に望むものを受け取れるだろう。あなたが豊かさに意識を向けると、今ある豊かさに気づき始めるだろう。そしてさらに豊かさに目を向ければ、ますますあなたは豊かになる。そうすることで、豊かさの連鎖は続く。

満たされていることに目を向けなさい。

不足に目を向け続けると、あなたは手にした富を失っていく。

あなたの元に流れている黄金の流れに気がつきなさい。

それは、朝起きた時に降り注ぐ太陽の黄金の光かもしれない。それは、夜眠る前のあたたかなストーブのぬくもりかもしれない。そこに感謝を感じなさい。
その感謝のエネルギーが豊かさを引き寄せ、あなたに繁栄をもたらす。
それは宇宙からあなたに与えられた尽きることのない富なのだ。
(神奈川 森戸神社にて)

このページを開いたあなたへ　rumi からのメッセージ

人は意識が目覚めれば目覚めるほど、自分の所有物を増やすことや、娯楽に興味がなくなります。それよりも、周りへの貢献や、全体への繁栄に意識が向けられます。
この金龍は、黄金のエネルギーに包まれて光に向かい上昇しています。エネルギーは大地から立ち昇り、天に向かって広がっているように見えます。私たちの意識は、この金龍のように上を目指して昇っていく時、より全体への繁栄や、大きな富を築き貢献していくことへ、向けられるのではないでしょうか。

このメッセージは、この世の中に溢れている富や豊かさの素晴らしさに目を向けて、より広い視野から自分という自我を超えて、周り全体の繁栄に貢献出来るパワーがあなたにはあるということを、伝えてくれているのです。

79 自然の恵みからの恩恵

あなたが今与えられているすべての恵みに気づいてみなさい。

朝、太陽の光が与えられていること、大地のエネルギーを地から与えられていること、溢れる水の恵みからの恩恵を。

あなたが今、何も与えられていない、何の恵みもないという不足に目がいけば、あなたの元に恩恵はやって来ない。

晴れた日には、太陽のエネルギーを全身で浴び、そのあたたかさ、強烈なパワーを感じてみなさい。

雨の日には、水の有り難みや美しさを感じ、浄化のエネルギーに身をゆだねてみなさい。

月の夜には、暗闇を照らす灯火の尊さを感じなさい。

あなたが恩恵を感じれば、あなたの周りにはあなたに必要なものがすべて与えられていることに気がつけるだろう。

その恵みと豊かさをすべて受け取り、自分がどれだけ与えられているかを感じてみなさい。

銀河のエネルギーが、あなたにどれだけ降り注ぎ続けているのか気づいていなさい。

あなたの波動がすべてに共振している。

あなたの波動がすべてを引き寄せている。

世界中の素晴らしき恵みに目を向けてみなさい。
その時、世界はあなたの味方となる。

（長崎県 壱岐島 龍光大神にて）

このページを開いたあなたへ　rumi からのメッセージ

私たちが当たり前だと思っている日常の中に、たくさんの恩恵が与えられています。

この世界の恵みのエネルギーは、毎瞬、毎瞬あなたのもとに降り注がれています。

その恵みの恩恵に感謝すればするほど、あなたのもとに感謝を感じられる出来事がやって来るのです。

この世界の美しきもの、与えられているもの、素晴らしきものに目を向けてみましょう。

太陽と月のエネルギーが降り注がれる地球に生まれた恩恵を感じなさいと、白龍があなたを優しく導いてくれています。

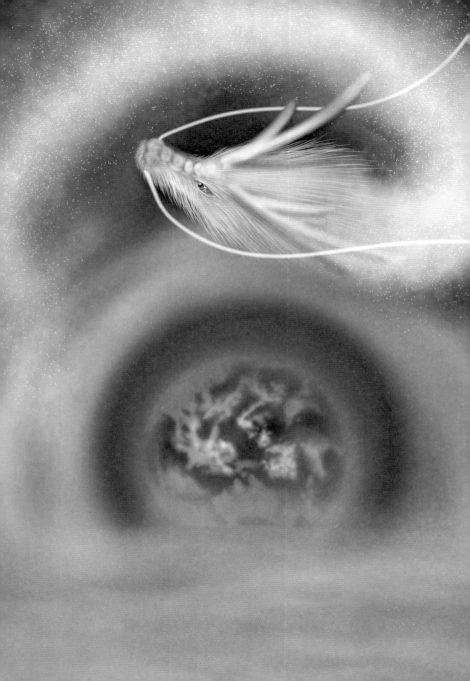

80 地球に生まれし魂たちよ

美しい星ガイア
その星を選んで生まれし魂よ。

目覚めの時はやってきた。

あなたが魂の覚醒を起こす時、あなたの周りは変わり始める。
今まで愛していると思っていた人から離れる人もいるだろう。今まで自分の居場所だと思っていた場所が、違っていたことに気がつく人もいるだろう。
どちらにしても、あなたは大きく変わっていく時がやってきた。

安全のために自分が今までやってきたことを手放し、魂の道を生きよ。

その道を、母なる地球は応援するだろう。
母なる地球があなたを導く時、あなたの人生はさらに加速する。そのスピードの波に乗っていくのだ。

あなたの魂の声を聞き、恐れがあったとしても、その恐れを抱きしめ進むのだ。
地球はあなたに語りかける。あなたがこの星に生まれた意味を。あなたがなぜこの星を選んで生まれてきたのか。あなたがこの星でやりたかったことは何か。
その魂の声に静かに耳を傾けた時、あなたは知るだろう。あなたが生まれてきた本当の意味を。

あなたは今までの自分から、魂の道を選ぶ時がやってきた。

魂の道はあなたに心からの喜びを教えるだろう。魂の道はあなたにすべてを与えてくれる。

今ここからあなたの道は始まる。

地球の声に耳を傾けよ。それはあなたの命の鼓動なのだ。
（長崎県 壱岐島 龍光大神にて）

このページを開いたあなたへ　rumi からのメッセージ

魂の道を生きる目覚めが起き始める時、今までのあなたが大切だと思ってきた常識や思い込みが、本当は自分にとって制限になっていたのだと気づき始めるかもしれません。

あなたの心の奥底に眠っていた魂の渇望に気づきを向けてみましょう。
それは、今までの思い込みを手放していく勇気のいることですが、あなたが本来のあなたを生きるための道しるべなのです。

おわりに…

"龍神タロットを作りなさい" 瞑想中に黄金の龍から降りてきた、この
メッセージから始まった宇宙からのプロジェクトは、Clover 出版さんの
おかげで、書籍となってみなさんに届けられることとなりました。

このあとがきを書いている今、世の中は新型コロナウィルスで、世界的
に大変な状況の最中にあります。この大変革の時代を選んで生まれてき
たみなさんの魂へ、この時期だからこそ必要なメッセージとして、私を
通じて高次元の存在が与えてくれたものなのだと感じています。

私たちは、地球が大きく変容していくこの時代、このタイミングを選ん
できた、目覚めていきたい魂たちなのではないでしょうか。

20年間のセラピスト人生の中で、多くの人々と向き合ってきました。ど
んな人の人生の中にも物語があり、その一つ一つがとても尊いもので、私
を感動させてきました。
そして、さらに私を感動させるものは、苦悩や葛藤がありながらも、人
が自分の人生と向き合い、前に進んでいこうとする姿です。

私がセッションしてきた15,000人の方々の中には、一般の方はもちろん
色々な分野の成功者の方や、芸能界の方など、様々な人生を歩いている
方がみえましたが、どんな人生の縮図を歩いている方でも、ひとたびそ
の状況に気づきが降りると、魔法のように物事が解決していく奇跡をた
くさん見てきたのです。

その中で私が感じたことは、本当の成功と豊かさとは、外側に何を所有
しているかではなく、いかに自分自身と深く繋がり気づきを得るのか、自
分を許していけるか、自分の内側に安心感を感じているか、なのではな
いかということです。つまり、自分が源の状態であるかどうかで、人間
の持つ幸福感が変わっていくのではないでしょうか。

ひとたびあなたが源になり決断すれば、この宇宙の創造エネルギーは、あなたを全力でサポートしてくれます。そうだとしても、今この世界の状況のように、人生には色々なことが起きるものです。そんな日々の生活の中で、この氣龍神からのメッセージが、気づきをもたらし、あなたが目覚めと喜びの道を歩く道しるべとなったなら幸せです。

この本を手に取ったあなたは、きっと高次元の存在に導かれています。毎日の生活の中で、どんな時もそっと本を開いてみてください。そこにはあなたに必要なメッセージが、宇宙からのギフトとして舞い降りてくるはずですから……。

最後に、このプロジェクトに関わってくださったすべての方々へ、感謝を贈ります。そして、この本を手に取ってくださったあなたの人生が、より喜びと目覚めに満ち溢れますように、たくさんの愛をこめて。

rumi

スピリチュアルメッセンジャー rumi

1973 年 7 月 4 日 岐阜県生まれ
1999 年 24 歳の時、ネイティブ・アメリカンの聖地にて啓示を受けセラピストに。その後、サイキック能力と、数秘、タロットを使い、魂のリーディングをはじめ、口コミだけで全国にクライアントを持つ人気セラピストに。それから 20 年間でのべ 15,000 人以上をセッションする。

2013 年 宇宙意識と繋がる覚醒体験である、ワンネスを経験後、より多くの人にスピリチュアルメッセージを伝えるため社会貢献のイベントをスタート。400 人を集める平和の祭典を主催し、現在のパートナーでもある TORU と共に活動をスタート。

2016 年 1000 人を集めるイベント、日本蘇生プロジェクトを主催。2019 年 氣・龍神タロットを出版、氣・龍神タロットセラピストアカデミーを設立。令和の時代の幕開けと共に全国展開を開始し、講演やセミナー、blog を通じ、「宇宙使いの宇宙理論」を広める活動をしている。

Instagram
@spiritualmessenger_rumi

blog 宇宙使いの宇宙理論
http://ameblo.jp/uchustukai9999/entry-12398959077.html

ホームページ
https://tarot-ryujin.com/

宇宙使いの rumi チャンネル
https://www.youtube.com/@rumi7360

氣・龍神タロットセラピストアカデミー
ベーシックコース　4 日間／アドバンスコース　6 日間　にて開催中

日幸 知 （かさい・とも）

1965 年 山口県岩国市で生まれ、69 年以降、九州で育つ。

2011 年、龍と出逢ったことから、龍画を描くようになる。
その 2 年後、不慮の事故に遭い、その時の体験から氣龍画が生まれる。

古神道家、仏師の方々より、波動が出る絵として広く世に出した方が良い、と勧められ氣龍画師になる。

体験の中から気づき、感じたことを伝えるべく、「存在する全ての物が繋がり 『そこに有る』 ことで、個々がバランスをとり存在している」 をテーマとして、その全てに宿るエネルギーを描き、全国で神社仏閣等に御奉納、Live painting、展示などを展開中。

ホームページ
http://kiryuga.com/

画／日幸 知
装幀題字／書道家はる
著者撮影／市川秀一

編集・校正協力／大江奈保子・伊能朋子
編集・本文design＆DTP／小田実紀

【新版】氣龍神　導きのメッセージ

初版1刷発行 ● 2023年2月16日

著者

スピリチュアルメッセンジャー rumi

発行者

小田 実紀

発行所

株式会社Clover出版

〒101-0051 東京都千代田区神田神保町3丁目27番地8　三輪ビル5階
Tel.03(6910)0605　Fax.03(6910)0606　http://cloverpub.jp

印刷所

日経印刷株式会社

本書の内容に関するお問い合わせは、info@cloverpub.jp宛にメールでお願い申し上げます